Reconciliere
prin Practici Restaurative
pentru educație și viață de calitate

Mihail Brînzea, M. Th.

NOTĂ ASUPRA EDIȚIEI

Lucrarea de față, care apare acum în a doua ediție, a fost realizată în cadrul proiectului *"Calitate în Educaţie prin Mediere şi Practici Restaurative"* – proiect coordonat de Ema Elza Șeclăman, implementat de Fundaţia Centrul de Resurse Juridice (CRJ) în parteneriat cu Ministerul Educaţiei, Cercetării, Tineretului şi Sportului (MECTS) în perioada noiembrie 2010 – decembrie 2012, cofinanţat prin Programul Operaţional Sectorial Dezvoltarea Resurselor Umane 2007-2013 - și a fost initial publicată în anul 2012, sub titlul "Ghid Practic de Aplicare a Medierii și Practicilor Restaurative în Mediul Educațional".

Republicăm acum doar primele două capitole – care expun conceptele de bază și tipologia Practicilor Restaurative, cu studii de caz, ca exemple practice de aplicare, și exerciții pentru dezvoltarea unei comunități deschise conceptului de Justiție Restaurativă – sub titlul "Conciliere prin Practici Restaurative, pentru educație si viață de calitate", pe care îl considerăm mai adecvat în raport cu natura conținutului acestei lucrări.

Menționăm că prima ediție a acestei lucrări nu a beneficiat de ISBN, fiind tipărită doar ca material rezultat al proiectului, necesar activităților desfășurate în rețeaua școlară în care s-a derulat proiectul.

Mihail Brînzea

02 Iunie 2017

CUPRINS

MULȚUMIRI

Pe această cale adresăm mulțumiri deosebite Doamnei Ema-Elza Șeclăman, care a conceput, inițiat și condus proiectul *"Calitate în Educație, prin Mediere și Practici Restaurative"*, generând astfel oportunitatea ca o serie de specialiști din țară și din străinătate, între care și Belinda Hopkins, să contribuie la optimizarea abordărilor destinate prevenirii, ameliorării și rezolvării violențelor și conflictelor din societatea româneasca în general, și din mediul educațional în special.

Amintim că în prefața primei ediții a acestei lucrări, Doamna Ema-Elza Șeclăman preciza:

"Nu putem vorbi despre viață și educație de calitate în condițiile în care nivelul violenței în numeroase școli din România a atins cote alarmante, iar conflictele și violența afectează continuu calitatea climatului educațional, relațiile pedagogice și întreaga viață școlară. În actualul sistem educativ din România, activitățile de prevenire sunt încă insuficiente iar în activitățile de intervenție, cel mai vizibil și utilizat răspuns la conflicte și violență, îl reprezintă sancțiunea. O serie de cercetări au arătat însă, că în mod obișnuit, impunerea de sancțiuni provoacă o creștere a comportamentelor reprobabile, iar în acest context nu ne putem aștepta la rezultate pozitive în lipsa diversificării și adaptării metodelor de abordare a situațiilor conflictuale.

Metodele promovate prin lucrarea de față, pot fi privite și înțelese ca forme de educație socială durabilă, care contribuie la dezvoltarea abilităților de comunicare și de luare a deciziilor într-un mod participativ, sprijinind dezvoltarea unor comportamente responsabile față de sine și față de ceilalți. În acest fel, se oferă oportunitatea unui parteneriat real al tuturor părților implicate și afectate de conflict pentru a soluționa împreună situația creată și pentru a stabili măsuri reparatorii."

CE SUNT PRACTICILE RESTAURATIVE ȘI CE ESTE MEDIEREA

Medierea şi Practicile Restaurative au apărut şi s-au dezvoltat iniţial în Noua Zeelandă şi în Australia, ca forme ale justiţiei, ca **modalităţi de a concilia persoane, de aborda şi transforma comportamentul unui ofensator**[1]. Din sfera judiciară, principiile restaurative au fost destul de repede adoptate în sfera socială, în şcoli mai cu seamă[2], dar şi în firme, în companii, în sfera mai largă a relaţiilor de afaceri. La ora actuală există foarte multe firme care au stipulat în Cartea de Management, în mod expres, faptul că *Medierea şi Practicile Restaurative* sunt oficial între procedurile şi procesele lor manageriale de rezolvare a conflictelor, precum şi faptul că în companie *Medierea şi Practicile Restaurative* sunt preferate.

O definiţie a practicilor restaurative, deosebit de semnificativă şi plină de înţeles, este cea dată de Margaret Thorsborne, când

---

[1] Margaret Thorsborne & David Vinegrad, Rethinking Behaviour Management, Restorative Practices in Classrooms, Speechmark, 2008, Aknoledgements, pag. 2
[2] Ibidem

adresându-se practicienilor în Justiţie Restaurativă afirma: "A vindeca relaţii distruse, a îndrepta lucrurile, trebuie să fie focusul eforturilor noastre dacă ne dorim o lume mai sigură pentru copiii şi tinerii care vor creşte şi vor deveni leaderii noştrii"[3].

Aşadar, Medierea şi Practicile Restaurative, teoretic spus, sunt:
- ✎ o formă de vindecare a relaţiilor distruse;
- ✎ o manieră de îndreptare a unor lucruri care au devenit neconforme;
- ✎ o modalitate de a genera un mediu mai sigur pentru membrii unei comunităţi;
- ✎ o abordare care proiectează şi optimizează dezvoltarea prin leadership.

Medierea şi Practicile Restaurative sunt metode şi modalităţi de abordare a unei situaţii care poate genera tensiuni, are risc de conflict, are potenţial declanşator de conflict, ori chiar se află în stare de conflict escaladat. Practicile restaurative sunt metode şi modalităţi de abordare care:

- ✎ nu se limitează la a constata că ceva rău s-a întâmplat şi trebuie aplicate măsuri;
- ✎ crează cadrul necesar pentru a genera reflecţie cu privire la ce s-a întâmplat;
- ✎ oferă părţilor implicate şansa de a se responsabiliza cu privire la ceea ce s-a întâmplat;
- ✎ oferă părţilor implicate şansa de a decide în manieră participativă şi de a genera soluţii;
- ✎ în cele din urmă determină conştientizarea valorilor comunităţii/grupului;
- ✎ determină schimbări de mentalitate şi comportament.

Medierea şi Practicile Restaurative sunt <u>alternative la practicile retributive</u>, la sancţiunea aplicată direct în urma unei cercetări făcute de o autoritate cu privire la fapte întâmplate. În SUA,

---

[3] Ibidem

Canada, Marea Britanie, Noua Zeelandă, Australia, în comunităţile (şcoli, firme, corporaţii) care au adoptat valori restaurative, *Medierea şi Practicile Restaurative* se aplică cu prioritate (dar diferenţiat şi complementar) înaintea oricărei practici şi metode strict retributive, care doar constată că s-a încălcat articolul "x" din regulament şi prin urmare se aplică sancţiunea "z".

Principiile fundamentale după care se conduce şi se aplică *Medierea şi Practicile Restaurative* sunt:

1. Autoritatea nu are monopol asupra deciziei, ci o deleagă către membrii societăţii;

2. Toate părţile implicate într-o situaţie sunt aduse la masa dialogului - "nimic despre noi fără noi";

3. Sancţiunea este transformată în responsabilitate, în sensul că părţilor nu li se mai administrează o sancţiune de către autoritate, ci toţi cei implicaţi îşi asumă responsabilităţi pentru a repara răul înfăptuit;

4. O persoană neutră şi imparţială mediază sau facilitează procesul restaurativ.

Principiile fundamentale ale practicilor restaurative au sorgintea în conceptul de Societate Deschisă şi se regăsesc în special în opera lui Karl Popper unde sunt generate premizele unor argumente temeinice în ce priveşte Justiţia Restaurativă. Nu este o coincidenţă că practicile restaurative se dezvoltă după apariţia operei lui Popper, ci o consecinţă firească a faptului că Popper, prin critica lui din anii 1943 – 1945 a făcut o schimbare de paradigmă când a afirmat că **"Justiţia este întâi de toate o relaţie între indivizi"**[4].

---

[4] Karl R. Popper, The Open Society And Its Enemies, Complete: Volumes I and II, First edition 1945, Fifth edition (revised) 1966, ISBN 0-691-01968-1, 0-691-0197, http://www.inf.fu-berlin.de/lehre/WS06/pmo/eng/Popper-OpenSociety.pdf, Plato's Political Programme Chapter 6: Totalitarian Justice, pag. 96

După douăzeci şi cinci de ani de la afirmaţia lui Karl Popper, această viziune asupra înfăptuirii dreptăţii prindea rădăcini prin pilotarea de programe de justiţie şi practici restaurative, în Australia, Noua Zeelandă, în Statele Unite ale Americii şi în Canada[5]. În contextul operei lui Karl Popper se conturează cel mai important principiu al *medierii şi practicilor restaurative*, acela că autoritatea îşi revizuieşte reflexul de a administra ea însăşi dreptatea (prin sancţiuni) şi renunţă la monopolul de a face ea însăşi ordine şi justiţie, în favoarea indivizilor, a membrilor unei instituţii sau comunităţi, acordându-le şi prerogative de participare la luarea deciziei cu privire la soluţionarea cazurilor şi situaţiilor de conflict.

În aceeaşi perioadă, după 1970, a fost posibil ca în mod practic, prin reflexul civic al unei societăţi deschise şi democratice, The Corrymeela Community, o organizaţie a societăţii civile, să intervină în conflictul deja escaladat şi să conducă un program de reconstrucţie a comunităţii, prin Mediere Comunitară şi Practici Restaurative[6], după evenimentele din 31 Ianuarie 1972 din Londonderry, când 13 protestatari neînarmaţi au fost împuşcaţi într-o duminică (Bloody Sunday) iar Catolicii şi Protestanţii din Irlanda de Nord au început să formeze grupuri paramilitare. Experţilor de la Corrymeela Community le-a fost permis în mod oficial să intervină (în zonele în care Armata Republicană Irlandeză (Irish Republican Army) ataca protestanţii din Nord, iar Asociaţia de Apărare Ulster (Ulster Defense Association) teroriza pe catolicii din Ulster[7]) aplicându-se oficial principiul practicilor restaurative, anume că autoritatea deleagă către membri săi responsabilitatea şi decizia. Dacă la acest nivel, aşa de înalt, a fost posibil, cu siguranţă şi cu atât mai mult este posibil, ca în

---

[5] Belinda Hopkins, Just Schools, A Whole Approach to Restorative Justice, with Foreword and Introduction by Guy Masters, Jessica Kingsley Publishers, London and Philadelphia, 2004, pag. 11

[6] Colin Craig, Mike Bartle, Joanne Robinson, Different Tracks – Experiential Learning, A practical Resource Guide for Community Relations Work, The Corrymeela Community, pag. 110

[7] Mary Montague, Relationships to Reconciliation, The Corrymeela Community, pag. 15 sq., 18 sq.

cazurile pe care le avem în comunităţile noastre şcolare, în România, să adoptăm metode şi practici restaurative.

Începând cu anii 1970, Statele Unite ale Americii, Canada, state din Europa de Vest, rând pe rând, recunoşteau *Medierea şi Practicile Restaurative*, adesea prin lege[8]. Astfel, statele delegau din autoritatea lor şi din prerogativele de exclusivă administrare a dreptăţii, făcând din justiţie **"întâi de toate o relaţie între indivizi"** aşa cum afirmase Karl Popper.

Poate cineva îşi pune firesc întrebarea: cum s-ar putea aplica Medierea şi Practicile Restaurative și în şcoală? Răspunsul îl avem chiar de la specialiştii care aplică de zeci de ani Practicile Restaurative în clasele de elevi: "Clasa este o comunitate. O comunitate este sănătoasă atunci când relaţiile între membrii ei sunt juste/corecte (sănătoase)[9], iar leaderii transmit mesajul că "relaţiile contează"[10]. În viziunea specialiştilor în practici restaurative, autoritatea, regulamentele, măsurile administrative aplicate fără echivoc, nu au capacitatea de a face o comunitate sănătoasă şi de a consolida relaţii corecte între membrii ei.

Aşadar, pe lângă alte mecanisme instituţionale, avem nevoie de practici restaurative! Însă, dacă leaderii din orice tip de comunitate vor să adopte Medierea şi Practicile Restaurative, este deosebit de important ca membrii comunităţii respective (şcolare, corporatiste, profesionale) să înţeleagă că adoptarea lor generează un complex de beneficii, precum:

- ✎ optimizarea noţiunii de autoritate în comunitate;
- ✎ optimizarea relaţiilor in comunitate;
- ✎ reaşezarea valorilor care se creează în comunitate prin transformările şi prin schimbările care au loc conform cu principiile restaurative;

---

[8] In Romania Medierea s-a legiferat pentru prima data in 2006 prin Legea 192/2006

[9] Margaret Thorsborne & David Vinegrad, Rethinking Behaviour Management, Restorative Practices in Classrooms, Speechmark, 2008, pag. 16

[10] Ibidem, pag. 24

✥ un proces de schimbare pe care îl parcurge comunitatea (în trecerea de la starea de comunitate reactivă şi retributivă la cea de comunitate restaurativă) totul făcându-se prin participarea nemijlocită la decizie a tuturor categoriilor de membrii din comunitatea respectivă;

✥ creşterea gradului de responsabilitate, inclusiv la nivelul individual al celor ce compun comunitatea respectivă.

CAPITOLUL I

CALITATEA VIEŢII ŞI A EDUCAŢIEI

1.1. PRINCIPII ŞI VALORI

A. CADRUL GENERAL ŞI ARII ALE CALITĂŢII

Cuvântul "qualitas" este un cuvânt "inventat" de Marcus Tullius Cicero, (106 î.H. – 43 î.H.) orator, om de stat, teoretician politic, jurist şi filosof, în încercarea de a traduce cuvântul ποιότης (poiótes)[11].

Cuvântul "calitate" are sorgintea etimologică în cuvântul latin "qualitas – qualitatis" şi sensul strict al acestuia era iniţial unul interogativ, provenind din "qualis", cuvânt cu două sensuri majore: un sens interogativ, "de ce natură?" şi unul comparativ - demonstrativ, pe care în Limba Română îl traducem cel mai adecvat prin cuvântul "precum".

În limba română, ceea ce noi azi desemnăm cu expresia "de calitate" vine din limba latină de la cuvântul "qualitate".

---

[11] http://www.allwords.com/word-quality.html

Am ţinut în mod special să ne referim la Cicero pentru a afirma încă odată cuvenita recunoaştere a "naşterii" noţiunii şi ideii de "calitate".

Dincolo de faptul că noţiunea este atât de veche, putem constata că teoriile calităţii nu s-au grăbit să fie parte din sisteme. Uniunea Europeană are abia din anul 2003 un instrument oficial de evaluare a calităţii vieţii, The European Quality of Life Survey (EQLS)[12].

În contextul celui de-al treilea Studiu European cu Privire la Calitatea Vieţii, Comisia Europeană identifică opt arii ale calităţii vieţii[13], precum urmează:

1. nivelul de bunăstare materială
2. sănătatea
3. educaţia
4. statutul şi activităţile personale
5. implicarea politică
6. relaţiile sociale
7. mediul
8. nivelul de siguranţă

Este deasemenea important să ştim, că acest sistem de arii ale calităţii, care formează ansamblul conceptual european de "Calitatea Vieţii" este şi subiect al politicilor publice la nivel de Uniune şi la nivelul statelor semnatare ale tratatului de aderare.

Pentru a realiza cât de valoroasă şi importantă este ponderea ariei *educaţie* în calitatea vieţii, trebuie să să spunem că între cei 22 de "determinanţi", [indicatori socioeconomici] luaţi în considerare în studiul pe care tocmai l-am menţionat mai sus, *educaţia* are o pondere semnificativă, fiind depăşită doar de

---

[12] Third European Quality of Life Survey, Quality of life in Europe, Luxembourg: Publications Office of the European Union, 2012, ISBN 978-92-897-1099-2, doi:10.2806/42471, pag. 9

[13] Ibidem, pag. 13.

determinații relaționați cu starea de sănătate, cu situația locului de muncă și cu starea de singurătate"[14].

Conform studiului, nivelul de educație contează într-un grad foarte ridicat. Cei care au absolvit gradul de educație terțiar au un indice de satisfacție de viață mai mare, comparativ cu cei care au finalizat doar învățământul secundar.[15] Prin urmare, a face educație de calitate, o educație care să îl atragă pe elev și să îl facă să dorească să urmeze o universitate, este în mod sigur, conform studiului european, un factor care contribuie în ansamblu la calitatea vieții, nu doar în România, ci și în Uniunea Europeană.

Astfel, în măsura în care vrem să contribuim la creșterea calității vieții, avem datoria de a genera calitate în sistemul educațional din România și de a face în sistem acele schimbări și optimizări necesare, pentru a determina pe elevi să nu abandoneze școala, ci să o frecventeze; iar în măsura în care este posibil, să se creeze acel mecanism participativ, care să permită elevilor și părinților să contribuie la calitatea proceselor de educație din spațiul școlii.

În general, când vorbim despre calitate, ne gândim în mod curent la trei registre de abordare, pe care în mod normal le putem aplica oricăreia dintre cele 8 arii ale calității menționate mai sus:

I. Primul registru al calității privește **natura, esența elementelor constitutive ale sistemului, funcționarea ansamblului** despre care vorbim și modul în care esența elementelor care îl formează se integrează în sistem.

Acest registru privește în mod specific la ceea ce în general numim **"norme": politici sectoriale, legi, regulamente, cod deontologic și managerial, criterii de selecție.**

---

[14] Ibidem, pag. 27

[15] Ibidem, pag. 28

Când facem în mod specific referire la educaţie, calitatea, evident depinde de prevederile legii, de reglementări ale autorităţilor, de regulamentul şcolar în vigoare, de legea care face o abordare sistematică şi foarte analitică a calităţii în educaţie, prin OUG nr. 75/2005 privind asigurarea calităţii educaţiei cu modificările şi completările ulterioare, aprobate prin Legea nr. 87/2006 şi prin OUG nr. 75/2011.

II.   Al doilea registru al calităţii vizează modul în care a fost făcut un lucru, **cuantumul de experienţă şi de competenţe** necesar pentru realizarea unui produs, gradul de calificare care a fost investit în alcătuirea produsului, şi deloc neglijabil, **cât de riguros au fost organizate** fluxurile şi necesarul de expertiză, pentru a se realiza lucrul respectiv.

Luând ca exemplu tot educaţia, acest al doilea registru vizează în special **produsul educaţional şi procesele educaţionale**. Ca să ieşim puţin din limbajul managerial, am putea spune fără ezitare, că atunci când vorbim de procese şi proceduri, vorbim de fapt de maniera în care facem educaţie: Cum facem predarea? În ce manieră organizăm învăţarea şi transferul de expertiză? Cum alegem să facem implementarea bunelor practici? În ce fel abordăm raportarea, evaluarea şi feedback-ul? ... şi poate cel mai important aspect: În ce mod organizăm în şcoală procesele de luare a deciziei?

III.   Al treilea registru care trebuie luat în considerare când vorbim de calitate este constituit din componente majore ale calităţii şi conţine elemente orientate către: dreptatea socială şi relaţii conforme.

În acest registru al calităţii avem, din perspectiva specifică a educaţiei, **valorile comunităţii**, organizaţiei sau clasei: integritatea, onestitatea, certificările educaţionale (spre exemplu, adevărul ştiinţific sau opinia informată, părerea documentată) precum şi alte repere etice care ţin de educaţie.

Multe din aspectele pe care <u>educaţia de calitate</u> le presupune, sunt abordate specific în documente de reglementare ale autorităţilor, în diferite programe naţionale şi europene, în cursuri opţionale aprobate în funcţie de specificul şi rezultatele fiecărei comunităţi şcolare, în funcţie de rezultatele evaluărilor pe care, în mod periodic, şcolile din România le fac în conformitate cu regulamentul[16].

Cu acestă lucrare dorim să venim în întâmpinarea unei nevoi din ce în ce mai acute în comunităţile din România, în şcoala româneasca, nevoie exprimată clar şi fără echivoc, nevoia de a avea relaţii conforme. În opinia specialiştilor, Medierea şi Practicile Restaurative, sunt mecanismele care pot contribui în cea mai mare masură la ameliorarea conflictelor, la construirea relaţilor conforme, implicit la creşterea calitătii educaţiei şi a vieţii .

Ne propunem ca prin lucrarea de faţă să generăm disponibilitatea de reflecţie cu privire la creşterea calitativă a proceselor de convieţuire în comunităţi şi a relaţiilor din mediul educaţional, prin *Mediere şi Practici Restaurative*; să contribuim la dezvoltarea de mecanisme, metode şi proceduri restaurative, să transferăm perpetuu experienţa proiectului implementat în anii 2010-2012 de Fundaţia Centrul de Resurse Juridice şi în alte comunităţi de muncă sau şcolare din România.

În ce priveşte comunitatea şcolară, specificul demersului nostru este unul participativ şi precum am subliniat mai sus, nu trebuie să se întâmple doar în zona administrativă a şcolii şi nicidecum nu vizează doar responsabilii managerial-administrativi, ci alături de profesori, consilierii şcolari, elevii şi părinţii lor pot fi parte în toate procesele de schimbare pe care şi-a propus să le genereze acestă lucrare.

---

[16] Ministerul Educaţiei şi Cercetării, Direcţia Generală Învăţământ Preuniversitar, Regulamentul de organizare şi funcţionare a unităţilor de învăţământ preuniversitar, 2005, Art. 44 (4)

B. RELAŢIILE CORECTE SUNT VALORI ALE COMUNITĂŢII

Valorile de grup, implicit valorile comunităţii, sunt în general desemnate prin sintagma "orientări valorice", pentru a fi deosebite de cele individuale. Orientările valorice dominante sunt o matriţă universală a orientărilor valorice umane. Treptat, pe măsura dobândirii de noi valori şi a integrării acestora într-un sistem bine articulat, conflictele dintre valori şi ca atare şi dintre indivizi pot fi ameliorate[17].

În general, conflictele dintre tineri şi adulţi sunt în sfera valorilor personale şi sociale (a orientărilor valorice). Ele capătă contur şi se întâmplă iniţial în familie, în relaţiile cu părinţii sau cu bunicii.

S-a constatat însă, că majoritatea conflictelor ce privesc valorile se transferă în mediul şcolar, în comunitate, iar aceasta trebuie să găsească soluţii optime pentru a menţine echilibrul social şi pentru a-i responsabiliza pe membrii, unii faţă de alţii[18].

În studiul la care am făcut deja referire, Margaret Thorsborne şi David Vinegrad afirmă că, potrivit experienţei lor, prin abordarea punitivă - şi aplicarea unei sancţiuni pentru a soluţiona o problemă în clasă - "se pierde şansa ca elevii să fie responsabilizaţi şi să devină responsabili unul faţă de altul".[19] Această concluzie de practician emisă de autorii "Restorative Practices în Classrooms" este o reflexie a ideii că într-o societate deschisă indivizii se responsabilizează şi se confruntă cu propriile lor decizii şi comportamente, chiar dacă se manifestă doar în şcoală, ori doar în micro-societatea unui grup profesional.

---

[17] Prof. Necşoiu (Dobre) Ioana – Mariana, Coordonator ştiinţific, Prof. Univ. Dr. Gheorghe Tomşa, Sistemul de valori şi orientarea în carieră la adolescenţi, pag. 29

[18] Margaret Thorsborne & David Vinegrad, Rethinking Behaviour Management, Restorative Practices in Classrooms, Speechmark, 2008, pag. 37

[19] Margaret Thorsborne & David Vinegrad, Rethinking Behaviour Management, Restorative Practices in Classrooms, Speechmark, 2008, pag. 15, 24

În subcapitolul "Disciplina ca proces onest", când afirmă că: orice Proces Restaurativ este onest dacă "repararea relaţiilor şi a comunităţii este primordială şi are prioritate faţă de imperativele instituţionale", Thorsborne şi Vinegrad aduc un argument suficient, direct relaţionat cu cele mai optime aşteptări sociale. Aceste aşteptări afirmă că pentru a avea o societate deschisă, instituţia/sistemul/administraţia trebuie să accepte:

a) gândirea critică

b) faptul că în percepţia membrilor instituţia nu este mai presus de membrii săi.

Astfel, elementele pe care le considerăm fundamentale în vederea generării unei culturi restaurative, sunt direcţii, pe care le afirmăm ca demne de urmat, pentru a contribui la o educaţie de calitate:

1. Afirmarea valorilor;
2. Responsabilizarea membrilor;
3. Confruntarea cu propriile decizii şi comportamente;
4. Restaurarea relaţiilor, căci acesta primează în raport cu imperativele instituţionale.

Totodată, în mediere şi în practicile restaurative, elemente mai sus precizate sunt repere de sistem. Este important să spunem că din perspectiva practicilor restaurative **măsura calităţii în orice domeniu este dată de valori.** Valorile sunt cele care generează rezultate de calitate.

Întrucât mediul educaţional este şi larg cunoscut şi complex în acelaşi timp, întrucat în mediul educaţional o persoana petrece aproximativ 20 – 25 % din viaţă, îl vom analiza preponderent pe acesta, începând chiar cu problema calităţii.

Precum se poate lesne documenta, este nevoie de o schimbare în mediul şcolar în ceea ce priveşte managementul conflictului. Din analizele făcute – şi din experienţa pe care am acumulat-o – este în primul rând nevoie de trecerea de la abordarea retributiv-punitivă la abordările prin mediere şi practici restaurative.

Pentru o mai sintetică abordare, principalii factorii care determină nevoia de schimbare ce se impune, sunt:

- Cerinţa publică de calitate cu privire la produsele şi mediul educaţional;

- Cerinţa publică de valori şi de orientare a educaţiei către valori, nu către rezultate rupte de realitatea social-economică şi obţinute indiferent prin ce mijloace;

- Cerinţa publică de atitudine conformă şi de mediu care dezvoltă o cultură de microgrup, în care valorizarea fiecărui membru este importantă în vederea creării unei comunităţi integrativ – restaurative;

- Cerinţa publică de a ameliora conflictele şi violenţa în mediul educaţional, de a implementa măsuri şi mecanisme de rezolvare altfel decât prin sancţiuni şi excluderi, care nu dau rezultate în materie de schimbare a comportamentului;

- Cerinţa publică de a nu se pierde şansa ca elevii să fie conştientizaţi că sunt responsabili unul faţă de altul. Prin administrarea de sancţiuni şansa responsabilizării este total pierdută, întrucât sancţiunea primită din pricina unui comportament neconform generează la cel sancţionat nevoia de recompensă autoadministrată;

- Aşteptarea socială că a fi diferit este un element de plus valoare, atâta vreme cât avem capacitatea de a comunica adecvat, de a construi o comunitate orientată către valori, de a armoniza identitatea personală cu apartenenţa la o comunitate, de a avea în cadrul comunităţii mecanismele necesare pentru a rezolva aspectele mai delicate, care într-un context non-restaurativ, cel mai adesea ar genera violenţă.

Ar fi de dorit ca toţi aceşti factori, prezentaţi mai sus în sinteză, să devină motivaţie pentru fiecare cadru didactic, elev şi părinte. Ar fi optim ca la contribuţia instituţională a şcolii să se adauge contribuţia şi experienţa personală a fiecărui cadru didactic sau părinte din şcolile din România.

În cadrul acestui capitol şi în Capitolul II prezentăm câteva exerciţii practice care pot fi realizate cu elevii, pentru a determina o înţelegere optimizată cu privire la relaţia între calitate şi valori.

Consideraţiile specifice educaţiei, aşa cum au fost reliefate mai sus pot fi identificate sau adaptate şi în alte domenii social – profesionale.

Medierea şi practicile restaurative, sunt metode de abordare a conflictelor care contribuie în mod direct la creşterea calităţii vieţii prin faptul că sunt orientate către valori şi către schimbarea de comportament prin asumarea liberă a responsabilităţii în raport cu faptele făcute. Amintim doar, că gradul de violenţă al unei societăţi este şi indicator în măsurarea calităţii vieţii în societatea respectivă.

Dat fiind faptul că medierea şi practicile restaurative se bazează în foarte mare măsură pe înţelegerea faptului că valorile asumate şi practicate determină optimizarea comportamentului şi orientarea către valori, generând astfel relaţii corecte între membrii, putem afirma că valorile care determină relaţiile corecte între membrii au influenţă directă şi o pondere de luat în considerare atunci când măsurăm calitatea!

C. DEZVOLTAREA UNEI CULTURI PARTICIPATIVE

Întrucât practicile restaurative sunt "**o abordare inovativă** cu privire la comportamente ofensatoare şi neadecvate – abordare care pune mai presus de blamarea şi sancţionarea dispensatoare de vină, repararea rănilor aduse unei relaţii"[20] – ele presupun, ca orice abordare inovativă, schimbări.

În mod foarte concret inovarea se referă la:

- trecerea de la măsuri conforme cu litera regulamentelor şi reglementărilor disciplinare, la responsabilizarea activă a părţilor, adică un alt fel de management al conflictului, **prin optimizarea proceselor manageriale**[21];

- trecerea de la ancheta disciplinară, la dialogul între părţile implicate. În loc de izolarea victimei de făptuitor, abordarea restaurativă presupune (cu mici excepţii) facilitarea dialogului între victimă şi făptuitor. Prin urmare avem metode diferite de analiză a situaţiei, de "developare a fotografiei" şi în consecinţă vom avea nevoie să dobândim **noi abilităţi**[22];

- schimbarea de mentalitate cu privire la eficienţa excluderii şi a sancţiunii, crearea unui cadru favorabil pentru reflecţie şi pentru creşterea stimei de sine, prezentarea responsabilităţii ca şansă, nu ca pedeapsă, implicarea părţilor în construirea soluţiei, cu alte cuvinte, **schimbarea setului de valori în grupul social şi optimizarea etosului**[23].

---

[20] Belinda Hopkins, Just Schools, pag. 29
[21] Belinda Hopkins, Just Schools, pag. 31
[22] Ibidem
[23] Ibidem

Astfel, Piramida Restaurativă are la bază VALORILE şi etosul grupului social, iar pe setul de valori se clădesc şi se optimizează ABILITĂŢILE de care avem nevoie pentru a implementa noi PROCESE.

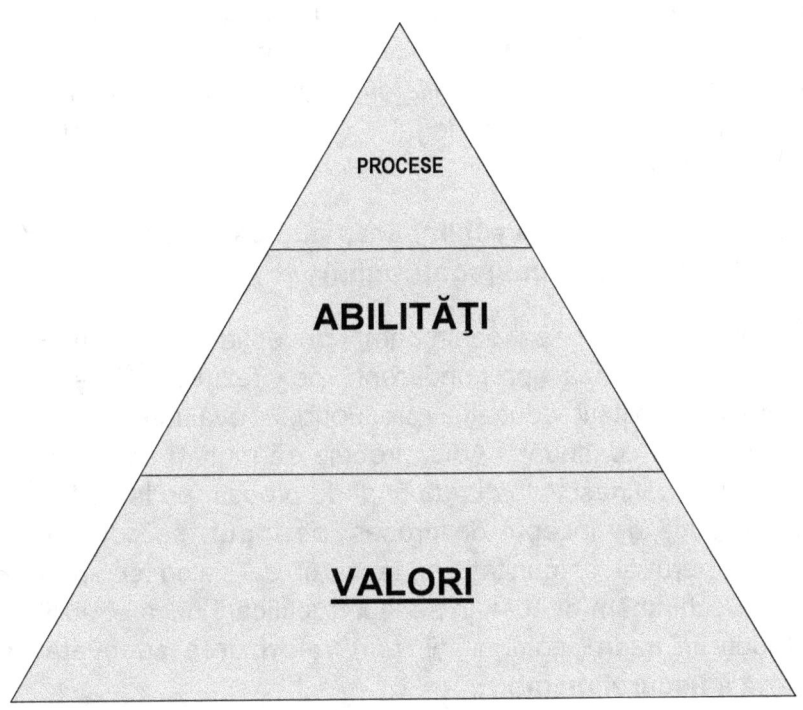

Să vedem în mod practic ce trebuie să facem şi de ce avem nevoie pentru a ne corela şi a ne adresa în mod adecvat fiecărui registru al piramidei. Precizăm încă de acum: cheia stă de fapt în abordarea diferită, în schimbarea de perspectivă de la sancţiuni la valori.

VALORI

Pentru a vedea setul de valori concret al unei comunități este nevoie întâi de toate:

- ✤ să nu confundăm *normele* din documentele oficiale cu *valorile* membrilor care formează o comunitate;
- ✤ să nu confundăm *rezultatele* cerute prin documente oficiale, inclusiv prin legi[24], cu *așteptările* membrilor comunității.

Mai precis spus, trebuie **să schimbăm viziunea și abordarea de la output [rezultat] la input [contribuție]**.

Spre exemplu, trebuie să schimbăm concepția că "asigurarea calității se centrează preponderent pe rezultate"[25] și că "îmbunătățirea calității educației presupune": evaluare, analiză, acțiune corectivă continuă[26]. Adică trebuie să mutăm accentul de pe factori care definesc situația de final de proces, pe factori care definesc situația de început de proces, pe **input**, pe contribuția fiecărui membru al comunității la tezaurul de valori și abilități. Trebuie să schimbăm direcția în sensul fructificării oricărei abilități și contribuții în cadrul comunității, prin **valorizarea adecvată și conformă a fiecărui membru**.

În al doilea rând, este nevoie *să generăm activități care să ducă la exprimarea valorilor* personale, la exprimarea valorilor grupului, la sintetizarea valorilor pe care le are, spre exemplu, școala, ca grup extins, ca o comunitate ce aparține elevilor, profesorilor, părinților și autorităților, deopotrivă.

În acest sens, în orice grup social sau profesional se pot organiza activități cu tematică diferită, însă orientată către valori. Luând ca exemplu școala, elevii, împreună cu profesorii pot organiza

---

[24] Monitorul Oficial al Romaniei, Partea I-a, Nr. 656 din 14 Septembrie 2011, OUG nr. 75/2011, text integrat pe baza OUG 75/2005 si Legea 87/2006, Art 7 (2)

[25] Monitorul Oficial al Romaniei, Idem, Art. 7 (1)

[26] Ibidem, Art. 3 (5)

ateliere, grupe de lucru, brainstorming, activităţi open space, campanii de promovare a valorilor şcolii, campanii de schimbare a imaginii şcolii, evenimente cu premii de excelenţă acordate profesorilor şi elevilor având ca temă:

- 🖎 Imaginea şcolii
- 🖎 Imaginea clasei
- 🖎 Profesorul trimestrului/anului
- 🖎 Elevul trimestrului/anului
- 🖎 Competiţii de "dezbateri publice"[27]

Este evident că aceste activităţi, de tip exerciţiu, vor fi însoţite de tot ce presupune realizarea lor:

🖎 ca etape manageriale: spre exemplu, pentru o campanie de schimbare a imaginii şcolii vom avea:

1. O analiză a situaţiei de la care plecăm
2. Obiective
3. Planificare
4. Realizare
5. Implementare
6. Evaluare

🖎 iar ca rezultate concrete:

1. realizarea de afişe
2. materiale
3. spoturi publicitare audio şi video.

Exerciţiile pot fi făcute pe grupe de lucru, în clasă, însă ele trebuie neapărat analizate şi discutate în colectivul clasei şi al şcolii, în vederea luării deciziilor cu privire la schimbările ce se impun în materie de **valori** şi de **aşteptări**.

---

[27] http://www.ardor.org.ro/main.php?content=dezbatere ;
http://en.wikipedia.org/wiki/Public_debate

În urma exprimării libere a membrilor comunităţii şcolare trebuie să se creeze contextul necesar şi să se dezvolte activităţile specifice în vederea **identificării valorilor comune.**

O metodă foarte eficientă de identificare a valorilor comune este metoda *"Propune trei şi neagă două"*. Concret, această metodă constă în oferirea şansei fiecărui elev de a propune pentru setul de valori comune trei valori, având permisiunea ca după ce priveşte, ascultă şi înţelege toate propunerile făcute de ceilalţi elevi, să elimine două. La sfârşitul exerciţiului facilitatorul va păstra pe lista valorilor clasei doar acele valori care nu au fost eliminate.

În faza următoare identificării valorilor comune, urmează procesul de asumare a valorilor. Acest proces nu este definit în timp, chiar dacă teoretic, în ce priveşte asumarea valorilor, avem două etape:

- ✏ prima, în care se elaborează un program prin care valorile asumate să fie promovate;
- ✏ a doua, în care efectiv începe practicarea valorilor.

Asumarea valorilor este un proces perpetuu, având impact vizibil în comportamentul membrilor comunităţii: elevi, cadre didactice, părinţi, personal administrativ.

În sinteză, în mod practic, cu privire la valori, pentru a genera rezultatele aşteptate, avem următoarele etape:

1. Eliminarea confuziilor
2. Exprimarea liberă
3. Identificarea valorilor comune
4. Asumarea valorilor:
   a) elaborarea unui program/plan prin care valorile să fie promovate şi aplicate în viaţa şcolii;
   b) evidenţierea, demonstrarea, practicarea valorilor în comportamentul de zi cu zi.

Metodologia de identificare şi asumare a valorilor, expusă mai sus, poate fi folosită ori adaptată în orice grup social.

ABILITĂȚI

Este evident că, atunci când afirmăm că în practicile restaurative valorizăm mai mult refacerea relației distrusă prin ofensă și nu apreciem deloc incriminarea imediată a tinerilor care au un comportament neconform, toate abilitățile de care avem nevoie sunt sateliți la această afirmație.

Întrucât odată cu principiul non-incriminării afirmăm că orice proces restaurativ este unul benevol, voluntar, este obligatoriu ca cei care își asumă răspunderea de a informa părțile că pot să participe la un proces restaurativ, trebuie să aibă câteva abilități relaționate cu valorile[28] fără de care nicio practică restaurativă nu ar fi posibilă. A informa părțile cu privire la mediere are drept consecință că decizia părților este una informată. Așadar, o abilitate importantă este legată de capacitatea de a informa părțile corect și onest, astfel încât acestea să înțeleagă avantajele și să vină la masa dialogului; comunitățile care nu au în grup o persoană cu această abilitate se pot adresa unor mediatori profesioniști, căci chiar de ar avea în grup toate celelalte abilități, ca zestre de experiență, fără părți onest și corect informate nu putem avea mediere ori practică restaurativă. Alte abilități importante sunt:

1. Abilitatea de a practica ascultarea ne-vindicativă (non-judgemental) dar empatică;
2. Abilitatea de a rămâne neutru;
3. Abilitatea de a fi imparțial;
4. Abilitatea de a respecta perspectiva tuturor celor implicați;
5. Abilitatea de a dezvolta și facilita raporturi între participanți;
6. Abilitatea de a fortifica și încuraja generarea de soluții;
7. Abilitatea de a pune întrebări creative;
8. Abilitatea de a asigura congruența proceselor restaurative;
9. Abilitatea de a cultiva răbdarea în sine însuși și în participanți.

---

[28] Belinda Hopkins, Just Schools, pag. 37

PROCESE

Odată ce în comunitatea şcolară au fost identificate nevoile şi valorile şi am stabilit că fiecare trebuie valorizat, trebuie inclus, trebuie responsabilizat în contextul comunităţii, asistăm de fapt la un proces decizional colectiv, proces de schimbare, în care accentul cade pe nevoile şi pe valorile comune, pe acordul colectiv şi dinamic de a transforma tot ce produce nesiguranţă şi disconfort, pentru a avea un mediu sigur şi fericit pentru toţi membri.

Aşadar, prin **procese de luare a deciziei în mod democratic,** se face trecerea de la regulamente cu "norme impuse de sus"[29], ierarhic, la "ghid de comportament"[30]; apoi se generează un **proces de optimizare** (îmbunătăţire), dezvoltat democratic, cu orientări agreate de toţi, pentru a crea consensul cu privire la comportamentele dezirabile. Nu este uşor, însă pentru a construi şi consolida o comunitate restaurativă este nevoie de un **management al schimbării ca proces agreat,** având ca obiective transformarea regulamentelor în "orientări"[31], în linii directoare, la care membrii comunităţii aderă, asumându-şi răspunderea.

În acelaşi timp, este nevoie ca orientările adoptate să genereze **"procese de conştientizare"[32]** pentru ca toţi membrii comunităţii să înţeleagă faptul că orice abdicare de la orientările adoptate, presupune iniţierea unui **proces restaurativ,** pentru a repara rănile produse valorilor şi membrilor.

Este însă de reţinut un aspect foarte important pe care practicianul Belinda Hopkins îl subliniază în numeroase rânduri în cărţile sale: "**În ce mod** o comunitate îşi defineşte orientările, **cui sunt aplicabile** orientările definite şi **cum se tratează** situaţia în

---

[29] Ibidem, pag. 48

[30] Ibidem

[31] Ibidem

[32] Ibidem

cazul în care orientările sunt încălcate, sunt elemente cheie în dezvoltarea unei abordări restaurative"[33].

Aşadar, dacă în comunitatea noastră dorim să dezvoltăm un sistem de abordare restaurativă, trebuie să avem în vedere:

1. Procese de luarea deciziei în mod participativ şi democratic;
2. Procese cu privire la modul în care definim orientările şi liniile directoare de comportament;
3. Procese de conştientizare;
4. Procese de responsabilizare;
5. Procese de dialog şi ascultare activă (nu de investigare-anchetă);
6. Procese restaurative;
7. Procese de îmbunătăţire periodică;
8. Procese de evaluare a schimbărilor.

În fapt toate aceste procese sunt procese de parcurs (în cadrul procesului general de sistem) care au ca obiectiv înlocuirea sancţiunii prin practici restaurative, în baza principiului că ofensatorul (făptuitorul) îşi asumă deplin responsabilitatea reparării prejudiciului, răspunzând adecvat rănilor fizice, emoţionale sau morale, pe care le-a generat acţiunea sa.

---

[33] Ibidem

Exerciţii

A. O olimpiadă de eseuri cu tema: Ce am putea face concret pentru a determina educaţie de calitate în şcoala noastră?

B. O dezbatere cu tema: Ce am putea face în comunitatea noastră şi cum am putea acţiona ca să fie asigurat binele comun şi demnitatea fiecăruia?

C. Ateliere de opinii cu privire la importanţa valorilor în plan personal, în grupul social, în mediul profesional, etc.

D. Reflecţii pe diferite teme:

1. Cunoaşterea nevoilor proprii şi a nevoilor grupului.
2. Importanţa aprecierii şi recunoaşterii.
3. Responsabilitatea pentru sine şi pentru alţii.
4. Modele de comportament în înţelepciunea populară, în poveşti, în legende, în curentele şi stilurile de viaţă moderne şi post moderne.
5. Ce trebuie să schimbăm ca să fie mai bine?

Rolul facilitatorului:

Facilitatorul trebuie să dea sens şi semnificaţie corelaţiilor pe care elevii le vor face cu privire la relaţia între abilităţi şi comportamente, să descopere membrilor relaţiile pe care probabil unii dintre ei nu le sesizează, şi să îi ajute să înţeleagă faptul că în spatele unor comportamente stau valori.

Facilitatorul trebuie să îi încurajeze pe toţi să vină chiar cu exemple de situaţii pe care ei le ştiu, situaţii în care:

a) valorile ştiute şi identificate generează comportamente dezirabile.

b) valorile lipsesc şi drept urmare se generează comportamente indezirabile.

1.2. ROLUL MANAGEMENTULUI ÎN IMPLEMENTAREA PRACTICILOR RESTAURATIVE

Este natural şi firesc, ca oricine citeşte cuprinsul acestei lucrări şi vede un subcapitol intitulat *Rolul Managementului* să se întrebe fără ezitare: "Ce noutăţi în materie de management, ar putea aduce autorul, dincolo de multele cursuri şi perfecţionări pe care majoritatea celor ce conduc un grup profesional le-au făcut?".

Există posibilitatea ca unii manageri să ştie deja despre practicile restaurative, să ştie că în România există şi o profesie, Medierea, reglementată prin Legea 192/2006, cu modificările şi completările ulterioare. Potrivit acestora, Mediatorul ca specialist în rezolvarea conflictelor este cel care asigură managementul etapelor de mediere şi aplicarea metodelor, părţile în conflict trebuind doar să îşi dea liberul consimţământ pentru începerea procedurilor. În rândurile care urmează, dorim să clarificăm şi să argumentăm de ce vorbim despre management în practicile restaurative.

Practicile restaurative au o istorie nonformală mult mai lungă decât istoria lor formală şi reglementată. Am spus la începutul acestei lucrări că medierea şi alte forme de practici restaurative au început să fie practicate în secolul trecut, la începutul anilor 1970.

Chiar dacă unele state şi-au dat seama de valoarea lor judiciară şi au legiferat aplicarea lor în sprijinul sistemului judiciar, practicile restaurative au continuat şi continuă să fie valorizate non-formal, continuă să se dezvolte în diferite sfere de activităţi, (economie, educaţie, protecţia mediului, afaceri bancare, comerţ, asigurări, etc.) cu o dinamică pe care doar puţine profesii o au.

Rolul managementului în aplicarea practicilor restaurative nu este nici pe departe un rol secundar, ori pasiv. Este adevărat că pentru a fi aplicate în toate aceste zone de activităţi, pentru a fi utilizate, practicile restaurative au nevoie de acordul, adesea chiar de aprobarea formală a managementului. Însă, date fiind principiile care guvernează practicile restaurative, fără rolul activ al managementului, fără acordul managementului unei instituţii/organizaţii, indiferent în ce sferă de activitatea am fi, practicile restaurative nu pot fi utilizate. Folosirea lor într-o organizaţie fără acordul managementului ar încălca principiul fundamental al practicilor restaurative, anume **"investirea cu încredere"**.

Investirea cu încredere este atât de importantă, încât în ţările în care au fost reglementate şi legiferate practici restaurative, cum este cazul şi în România (unde Medierea, în aspectul ei judiciar, este legiferată), **"investirea cu încredere"** a fost prinsă chiar în lege[34].

Rolul activ al managementului vine întâi din asumarea acestui principiu: *"niciun specialist în practici restaurative nu face niciun demers până când părţile nu îl investesc cu încrederea lor"*. Investirea cu încredere, în orice context am fi, vine şi de la management, dacă nu cumva întâi de la management, care formal prezintă leaderului spre aprobare aplicarea unei practici

---

[34] Legea 192/2006, Art 1. (2)Medierea se bazează pe încrederea pe care părţile o acordă mediatorului, ca persoană aptă să faciliteze negocierile dintre ele şi să le sprijine pentru soluţionarea conflictului, prin obţinerea unei soluţii reciproc convenabile, eficiente şi durabile.

restaurative. Un alt principiu, nelipsit în practicile restaurative, este **"liberul consimţământ al părţilor"**.

Astfel, luând un exemplu concret, dacă în şcoală se întâmplă un fapt ce contravine normelor, mai aproape de părţile în conflict, de făptuitori şi de victime, sunt profesorii, managerii clasei şi ai şcolii. Aceştia pot face demersurile necesare pentru a constata dacă părţile exprimă liberul lor consimţământ în vederea declanşării unui proces restaurativ.

Dintr-o altă perspectivă, un aspect la fel de important este legat de faptul că prin management, instituţia îşi asumă că în spaţiul ei administrativ, în sfera ei de jurisdicţie şi de autoritate s-a întâmplat un conflict sau o non-conformitate, că trebuie să analizeze cauzele şi efectele, că poate este nevoie să genereze procese de conştientizare, care să ducă la schimbări, etc.

În lucrarea de faţă ne propunem să dăm atenţie cu precădere, în mod concret şi practic, celor două aspecte ale managementului pe care orice leader-manager trebuie să le ia în considerare şi să le valorizeze:

A. **"Managementul comportamentului"**, **adică acea dimensiune şi componentă a managementului care pune împreună valorile şi manifestările, care presupune şi generează procesele manageriale necesare pentru a face în aşa fel încât: modul de a fi, de a comunica, de a acţiona şi reacţionă, într-un cuvânt comportamentul să fie congruent şi în armonie cu valorile agreate în comunitatea socio-profesională.**

B. **"Managementul schimbării"**, **adică acea componentă a managementului care preia rezultatele proceselor** [despre care am vorbit în subcapitolul Dezvoltarea unei Culturi Participative] **şi generează consecinţe, transformând valorile agreate şi abilităţile dezvoltate**[35]

---

[35] n.a./MB, * Sunt totdeauna în funcţie de nevoile şi valorile comunităţii

în stil de viaţă, în cultură organizaţională, în elemente concrete şi definitorii pentru o comunitate restaurativă.

Introducerea *practicilor restaurative* în procesele educaţionale, profesionale, sociale, precum şi decizia de a aborda situaţiile non-conforme şi conflictele în manieră restaurativă este întâi de toate (sau ar trebui să fie, dacă nu este deja) o preocupare în sfera Viziunii, a opţiunii strategice a leaderilor (a Consiliului de Administraţie a unei companii, a Consiliului Profesorilor condus de director şi a Consiliului Părinţilor, etc.) Este, în aceeaşi măsură, o decizie managerială a responsabililor cu procesele de conducere, la diferite nivele.

Pentru a înţelege mai bine relaţia între leadership (L), management (M), practici restaurative (PR) şi valori vă rugăm să priviţi schema de mai jos. În fond *Leadershipul, Managementul* şi *Practicile Restaurative* sunt trei **moduri de abordări instituţionale**, comunitare, care cu mijloace specifice servesc intereselor publice. Privind schema vom observa că, practic, interferenţa între L, M, PR este în zona **valorilor**, zonă la care fiecare din cele trei tipuri de abordări organizaţionale/comunitare, contribuie.

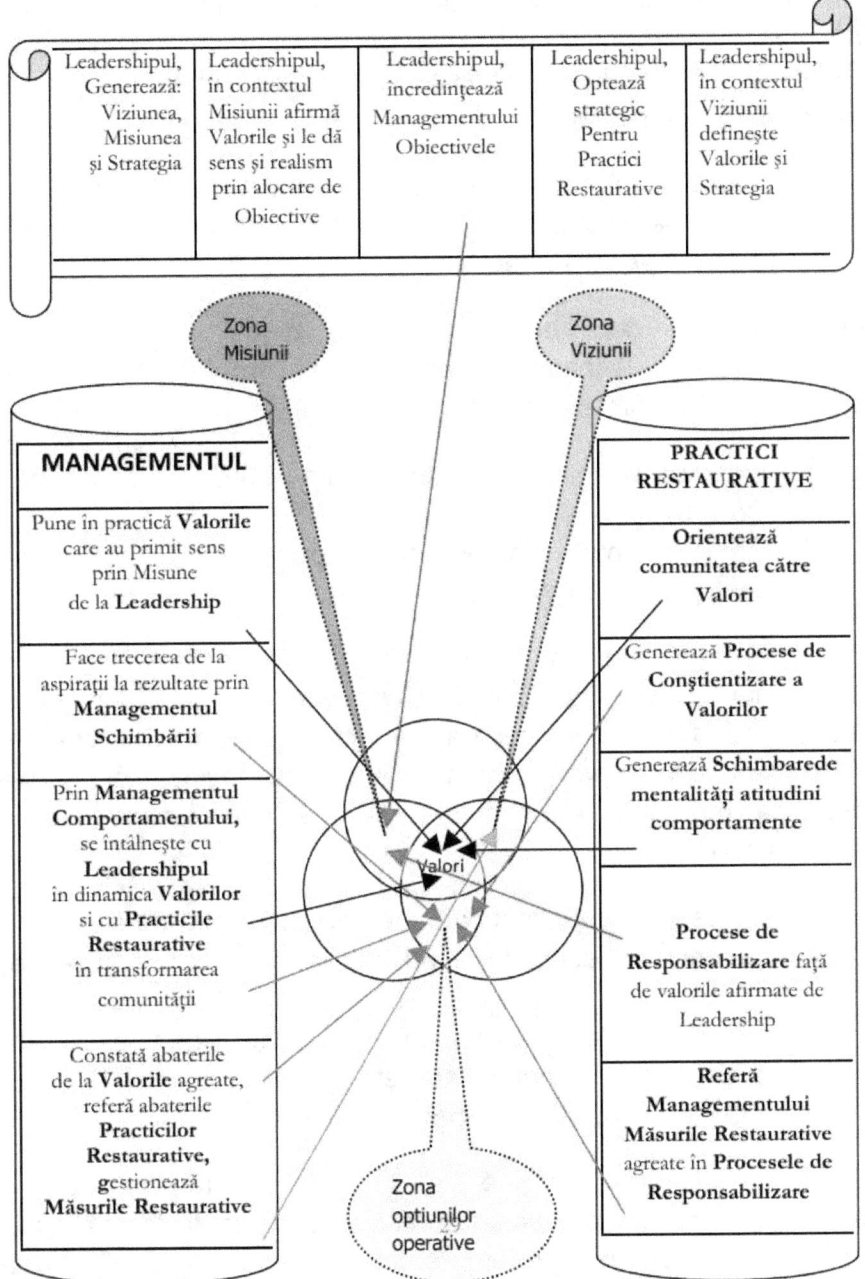

| Leadershipul, Generează: Viziunea, Misiunea și Strategia | Leadershipul, în contextul Misiunii afirmă Valorile și le dă sens și realism prin alocare de Obiective | Leadershipul, încredințează Managementului Obiectivele | Leadershipul, Optează strategic Pentru Practici Restaurative | Leadershipul, în contextul Viziunii definește Valorile și Strategia |

Zona Misiunii

Zona Viziunii

MANAGEMENTUL

Pune în practică **Valorile** care au primit sens prin Misune de la **Leadership**

Face trecerea de la aspirații la rezultate prin **Managementul Schimbării**

Prin **Managementul Comportamentului,** se întâlnește cu **Leadershipul** în dinamica **Valorilor** si cu **Practicile Restaurative** în transformarea comunității

Constată abaterile de la **Valorile** agreate, referă abaterile **Practicilor Restaurative,** gestionează **Măsurile Restaurative**

PRACTICI RESTAURATIVE

Orientează comunitatea către Valori

Generează **Procese de Conştientizare a Valorilor**

Generează **Schimbarede mentalități atitudini comportamente**

Procese de Responsabilizare față de valorile afirmate de Leadership

Referă Managementului Măsurile Restaurative agreate în **Procesele de Responsabilizare**

Valori

Zona optiunilor operative

Observăm în această schemă că zona de interferenţă între *Leadership* şi *Practicile Restaurative* se defineşte ca fiind prin excelenţă Zona Viziunii, prin accentul pe care ambele **moduri de abordare** îl pun pe valori:

🖎 Leadershipul defineşte valorile – în manieră participativă.
🖎 Practicile Restaurative orientează comunitatea către valori – prin liber consimţământ.

Observăm de asemenea că zona dintre *Leadership* şi *Management* se defineşte ca Zona Misiunii, zona de transformare a idealurilor în realităţi concrete:

🖎 Valorile definite de Leadership primesc sens prin Obiective.
🖎 Managementul comportamentelor este gestionat în conformitate cu Valorile.

Zona de interferenţă dintre *Management* şi *Practicile Restaurative* se defineşte ca Zona Opţiunilor Operative, în care cele două moduri de abordare a comunităţii optează pentru metode de soluţionare a problemelor. În această zonă devine clar că s-a optat ca împreună, *Managementul* şi *Practicile Restaurative* să administreze:

🖎 procese de conştientizare, nu anchete disciplinare;
🖎 procese de schimbare, nu mutare (dislocare - relocare) disciplinară;
🖎 procese de responsabilizare, nu de excludere (concediere, exmatriculare, etc.);
🖎 măsuri restaurative nu măsuri punitive.

Este evident pentru oricine că dacă în schema pe care o prezentăm în loc de *practici restaurative* ar fi fost *practici retributive*, în zona de interferenţă a *Managementului* cu *Practicile Retributive* am fi avut:

🖎 anchete disciplinare, nu procese de conştientizare;
🖎 mutări disciplinare nu procese de schimbare;

🖎 exmatriculări, concedieri, nu procese de responsabilizare;

🖎 măsuri punitive, pedepse, nu măsuri restaurative.

Făcând un sumar ne-exhaustiv, din cele afirmate până acum reiese că managementul, în aplicarea practicilor restaurative, are următorele roluri şi funcţii:

🖎 Administrează setul de principii şi valori agreate;

🖎 Generează şi administrează normele interne în conformitate cu valorile;

🖎 Gestionează reguli şi norme de comportament;

🖎 Asigură managementul comportamentului;

🖎 Constată abaterile de la valori şi nonconformităţile;

🖎 Constată situaţiile conflictuale;

🖎 Constată liberul consimţământ al părţilor pentru a începe un demers restaurativ;

🖎 Investeşte cu încredere pe specialiştii în practici restaurative;

🖎 Gestionează procesele de conştientizare şi de responsabilizare;

🖎 Gestionează schimbările şi asigură managementul schimbării la nivelul comunităţii sau grupului social;

🖎 Gestionează decizia şi o orientează, fie către practici retributive, fie către practici restaurative;

🖎 Supervizează implementarea măsurilor restaurative şi a hotărârilor asumate de părţi;

🖎 Evaluează modul de implementare şi rezultatele;

🖎 Asigură durabilitatea rezultatelor şi a impactului măsurilor restaurative.

Dat fiind sensul foarte general al cuvântului *management* facem precizarea că, în sfera educaţiei, la nivelul clasei, toate rolurile şi funcţiile menţionate mai sus sunt ale Consiliului Profesoral al clasei sub conducerea Profesorului Diriginte[36], în echipă cu Consilierul Şcolar atunci când situaţiile sunt deosebite.

Precizăm că în acest sub-capitol abordările [de conştientizare, de evaluare, de responsabilizare, etc.] vor fi cu precădere din perspectiva managerială, a proceselor, nu din perspectiva conţinutului. În această secţiune ne ocupăm mai puţin de conţinut şi ne focusăm pe natura rezultatelor unui proces de conştientizare, fiind important să înţelegem ce au de facut cei care au responsabilităţi manageriale, cu rezultatele procesului de conştientizare. În acest capitol ne uităm la momentul managerial, la locul pe care îl are în fluxul activităţilor momentul aplicării unei metode restaurative.

Aşadar, în acest sub-capitol accentul va cădea pe modul de organizare în vederea asigurării unui flux coerent şi logic, privind cooperarea dintre *leaderi, manageri, specialiştii în practici restaurative* şi modul în care aceştia acţionează, pentru ca un anume grup social – profesional să fie un mediu optim de formare şi progres personal, cu realizări de calitate, pentru fiecare membru.

A. MANAGEMENTUL COMPORTAMENTULUI ÎN CONTEXTUL PRACTICILOR RESTAURATIVE

Managementul comportamentului este indisolubil legat de valorile comunităţii, grupului şi de cultura relaţională a membrilor săi. Spre exemplu, dacă dorim să implementăm practici restaurative în şcoală este necesar să coagulăm un set de valori stabile şi agreate de toţi membrii. Pentru a avea un set de valori, *leadershipul* şcolii va mobiliza toate resursele care pot contribui, pentru a corela *Viziunea* leadershipului, cu *Misiunea* şcolii şi cu setul de *Valori* ce se va genera în mod participativ. În mod

---

[36] Ministerul Educaţiei şi Cercetării, Direcţia Generală Învăţământ Preuniversitar, Regulamentul de organizare şi funcţionare a unităţilor de învăţământ preuniversitar, 2005. * În vigoare la data elaborării acestui Ghid; Conform Art. 38-42.

concret, pentru a genera în mediul şcolar un set de valori prin metode participative putem organiza:

a. Dezbateri
b. Campanii de chestionare şi sondaj de opinie între elevi, părinţi şi profesori
c. Interviuri
d. Focus grupuri
e. Grupuri de lucru mixte, părinţi – profesori, profesori – elevi
f. Seminarii şi ateliere pentru sinteză şi concluzii.

Este mai mult decât evident că, odată ce membrii comunităţii şcolare au identificat şi decantat un set de valori, acestea devin orizont şi reper pentru fiecare membru şi pentru fiecare categorie de membrii: elevi, părinţi, profesori, personal administrativ. După agrearea setului de valori este rolul leadershipului şi al managementului şcolii să răspundă aspiraţiilor exprimate prin valorile agreate. Aceştia trebuie să creeze mai întâi un cadru adecvat. Este şi datoria elevilor şi a părinţilor să pună în practică valorile pe care le-au generat şi asumat. Managerial vorbind, pentru profesori, singura problemă care rămâne de rezolvat este legată de <u>oferirea modelelor</u> şi de <u>organizarea proceselor transformative,</u> astfel încât, tot ce se întâmplă în şcoala să fie un "proces onest", în sensul că fiecare membru al comunităţii, la nivelul lui de competentă, are un tip de responsabilitate şi un rol[37].

În ce priveşte <u>oferirea modelelor</u>, este evident că, în societatea şcolară românească, în mod tradiţional profesorii au fost, sunt şi vor fi un model.

Aşadar, dat fiind că există aşteptarea ca profesorii să fie modele, aceştia sunt cei dintâi care trebuie să se manifeste în mod practic drept modele. Prin urmare, *managementul comportamentului* trebuie să înceapă cu cei care gestionează activităţile educaţionale, de disciplină–comportament, precum şi activităţile

---

[37] Margaret Thorsborne & David Vinegrad, Rethinking Behaviour Management, Restorative Practices in Classrooms, Speechmark, 2008, pag. 9 - 10

administrative în şcoală. La profesori trebuie să fie vizibilă armonia între valorile agreate şi comportament. Profesorul este cel dintâi care demonstrează că, prin modul în care se manifestă şi se comportă, setul de valori ales de comunitate este şi o valoare personală iar el/ea este onorat/ă să îl pună în evidenţă în comunitatea şcolară!

Revenind de la exemplul particular, specific, de mai sus, la modul general, în limbaj managerial am putea spune că liderii comunităţii trebuie:

> Să promoveze prin comportament personal şi prin mijloace teoretice valorile agreate;
> Să organizeze activităţi de cunoaştere aprofundată a valorilor şi a semnificaţiei acestora;
> Să organizeze activităţi în contextul cărora membrii să vină în contact cu modele şi personalităţi, în vederea asigurării tranziţiei de la aspiraţie la notabilitate.

În ce priveşte <u>organizarea proceselor transformative</u>, ca în orice demers managerial, trei etape[38] sunt foarte importante:

> *(1) luarea deciziei*
> *(2) organizarea activităţilor*
> *(3) evaluarea rezultatelor şi a impactului*

În ce priveşte *luarea deciziei*, la modul concret, *managementul comportamentului* este primordial un proces participativ, de echipă, în care leaderul împreună cu membrii agreează cu privire la:

🖑 setul de principii şi reguli
🖑 modul în care membrii relaţionează

---

[38] Intrucât economia lucrării nu ne permite să mergem in extenso şi să analizăm toate cele 7 etape ale unui demers managerial, am ales să ne oprim la cele trei etape clasice, pe care le considerăm lămuritore pentru lucrarea de faţă.

⤷ modul în care se folosesc mijloacele şi resursele pentru a se promova valorile, în cazul în care unii membrii mai au probleme cu asumarea lor

⤷ modul în care, prin dialog şi prin metode de conştientizare, prin practici restaurative, se pot apăra valorile comunităţii când acestea sunt vexate; altfel spus cum s-ar putea rezolva problemele, mai degrabă prin practici restaurative decât prin aplicarea de sancţiuni (practici retributive)

⤷ modul în care prin activităţi, recompense şi forme de recunoştinţă sunt respectate, stimate şi onorate valorile grupului şi ale comunităţii.

Rezultatul deciziilor se materializează în:
1) reglementări
2) norme
3) acorduri

asupra cărora membrii (elevi ai clasei, profesori, manageri, personal auxiliar) sunt în consens.

Cu privire la *organizarea activităţilor* necesare implementării unor schimbări, unor procese transformative în ceea ce priveşte comportamentul, din punct de vedere managerial privim la deciziile luate şi în funcţie de acestea avem activităţi de:

➢ Conştientizare şi asumare a setului de principii şi reguli;

➢ Punere în vigoare şi aplicare a modului de relaţionare;

➢ Aplicare a regulilor de folosire a mijloacelor şi resurselor;

➢ Aplicare a metodelor de acţiune agreate în contextul în care valorile sunt vexate;

➢ Organizare a proceselor manageriale de transformare şi îmbunătăţire a comportamentelor.

Cu privire la *evaluarea rezultatelor şi a impactului* proceselor de transformare şi îmbunătăţire a comportamentelor, activităţile de bază sunt:

(a) Analiza datelor

(b) Formularea de concluzii

(c) Luarea de hotărâri

pe baza următorilor indicatori:

- ✍ Numărul de neconformităţi, acte de indisciplină, înregistrate după ce s-a trecut de faza managerială de elaborare de norme, acorduri şi reglementări agreate de comunitatea (şcolară sau profesională);
- ✍ Tendinţele ascendente sau descendente ale opţiunilor neviciate, neforţate, liber exprimate, pentru adoptarea de soluţii retributive sau soluţii restaurative;
- ✍ Gradul de răspuns pozitiv şi de reuşită în contextul în care s-au aplicat practicile restaurative;
- ✍ Numărul de opţiuni în favoarea metodelor de abordare restaurativă, care însă au eşuat din diverse motive;
- ✍ Numărul de opţiuni în favoarea practicilor retributive, chiar dacă au fost făcute doar de o singură parte.

Cu acest minim set de activităţi manageriale, leadershipul transmite în comunitate un puternic semnal că opţiunea comunităţii este orientată către abordări şi practici restaurative, către îndreptarea situaţiilor neconforme prin asumare responsabilă şi comportament adecvat.

Întrucât responsabilitatea managerială şi mai ales responsabilitatea de leader ţine şi de justa apreciere a situaţiilor şi de noţiunea de dreptate pe care trebuie să o asigure orice leader – conform principiului de drept roman, care spune că "Dreptatea este voinţa perpetuă şi constantă a dreptului de a acorda fiecăruia ce i se cuvine - *Iustitia est constans et perpetua voluntas jus suum cuique tribuendi*"[39] – leaderul trebuie să asigure echilibrul, să se asigure că membrii grupului au parte de o evaluare şi de o abordare conformă şi echitabilă a faptelor lor. Aşadar, în măsura

---

[39] J. B. Moyle, The Institutes Of Justinian, Kesssinger Publishing, traducere apud Emperor Justinian, Institutiones, pag. 6

în care practica restaurativă este refuzată sau eşuează, comunitatea poate şi este recomandabil să adopte, în funcţie de situaţie şi de caz, alte mijloace pe care le are la dispoziţie, inclusiv practicile retributive, măsurile aplicate în conformitate cu regulamentul.

În fond, prin refuzul de a participa activ şi efectiv la activităţile restaurative, prin neasumarea răspunderii şi refuzul de a-şi transforma atitudinea şi comportamentul, făptuitorul optează pentru practică retributivă, adică pentru sancţiune.

B. MANAGEMENTUL SCHIMBĂRII ÎN CONTEXTUL PRACTICILOR RESTAURATIVE

Managementul schimbării este în directă relaţie cu managementul comportamentelor şi presupune ca, în mod concret, rezultatele celor opt procese[40] despre care am vorbit în sub-capitolul *Dezvoltarea unei Culturi Participative*, să fie preluate şi să devină generatoare de "**consecinţe**".

Spre exemplu, dacă vom considera că rezultatul unui *Proces de conştientizare* este faptul că "membrii unei comunităţi şcolare (elevi, părinţi, profesori, personal administrativ) au agreat un set de valori şi îl cunosc/îl practică, acest rezultat, introdus în ciclul

---

[40] Haec Opus, subcapitolul Dezvoltarea unei Culturi Participative:

1. Procese de luarea deciziei în mod participativ şi democratic

2. Procese cu privre la modul în care definim orientările şi liniile directoare de comportament

3. Procese de conştientizare

4. Procese de responsabilizare

5. Procese de dialog şi ascultare activă (nu de investigare-anchetă)

6. Procese restaurative

7. Procese de imbunătăţire periodică

8. Procese de evaluare a schimbărilor

specific *managementului schimbării*, produce consecinţe în toată comunitatea, în conformitate cu schema[41] de mai jos:

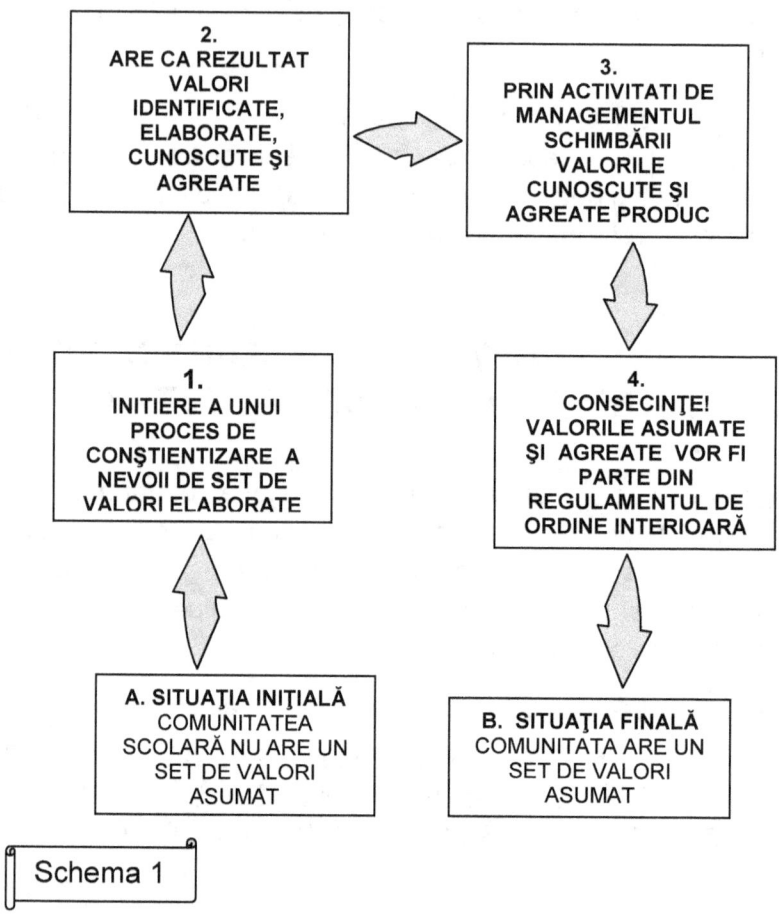

2.
ARE CA REZULTAT VALORI IDENTIFICATE, ELABORATE, CUNOSCUTE ŞI AGREATE

3.
PRIN ACTIVITATI DE MANAGEMENTUL SCHIMBĂRII VALORILE CUNOSCUTE ŞI AGREATE PRODUC

1.
INITIERE A UNUI PROCES DE CONŞTIENTIZARE A NEVOII DE SET DE VALORI ELABORATE

4.
CONSECINŢE! VALORILE ASUMATE ŞI AGREATE VOR FI PARTE DIN REGULAMENTUL DE ORDINE INTERIOARĂ

A. SITUAŢIA INIŢIALĂ
COMUNITATEA SCOLARĂ NU ARE UN SET DE VALORI ASUMAT

B. SITUAŢIA FINALĂ
COMUNITATA ARE UN SET DE VALORI ASUMAT

Schema 1

Consecinţa firească a preluării rezultatelor dintr-un proces şi a introducerii lor într-un ciclu de *Management al Schimbării* este că facem trecerea de la constatarea teoretică a unei situaţii la iniţierea de demersuri pentru a avea rezultate concrete, practice.

În schema de mai sus observăm cum Managementul schimbării îi ajută pe leaderii unei comunităţi şcolare, pe profesori în special, dar nu numai, să facă efective şi practicate aspiraţiile cu privire la

---

[41] Schema 1, Etapele unui Proces în cadrul Managementului Schimbării

calitatea în educaţie, la performanţa elevilor, la optimizarea mediului şcolar şi îmbunătăţirea situaţiilor diverse în care se află comunitatea (clasa, şcoala).

Pentru a avea o imagine mai clară a ceea ce se întâmplă într-un demers de *Management al Schimbării*, vă propunem un studiu de caz, care face evidentă nevoia de a avea *Managementul Schimbării* ca instrument de abordare în comunitatea care îşi doreşte să devină restaurativă.

Studiu de caz[42]:

"Agresiunea verbală şi fizică asupra vârstnicilor"

(a) Situaţia:

Trei elevi din şcoala X au agresat în zile şi în circumstanţe diferite trei persoane vârstnice.

Elevul R a vorbit urât şi a îmbrâncit o bunică (fostă farmacistă) ce venise să îşi ia nepoţica de la şcoală, pentru că bunica i-a atras atenţia să folosească batista;

Elevul G a adresat injurii femeii de serviciu (în prezent cu o dizabilitate, persoană aproape de vârsta pensiei) etichetând-o drept "hoaşca bătrână" pentru că nu l-a lăsat să fumeze în toaleta şcolii;

Elevul L a încercat să fure din geanta unei bătrâne la magazinul de lângă şcoală şi a fost oprit de oamenii din magazin, însă bătrâna a suferit un atac de panică; fiul bătrânei a făcut plângere la şcoală şi la poliţie;

Toate cele trei evenimente au fost aduse la cunoştinţa conducerii şcolii.

---

[42] Documentat şi redactat conform cerinţelor de confidenţialitate, de autorul acestei lucrări (Mediator, Mihail Brînzea)

(b) Măsuri

1. Conducerea şcolii a adus faptele la cunoştinţa profesorilor diriginţi şi a convocat Consiliul Profesoral;

2. La Consiliul Profesoral s-a hotărât ca profesorii diriginţi să organizeze în clase o dezbatere cu privire la situaţiile menţionate mai sus;

3. Între alte măsuri s-a decis începerea unei suite de procese de conştientizare cu privire la vârstnici şi la situaţia creată în urma celor trei agresiuni, după cum urmează:

(c) Procese

(1) de conştientizare cu privire la vârstnici şi la situaţia lor în general;

(2) de evaluare a rezultatelor procesului de conştientizare;

(3) de responsabilizare.

Menţionăm că acest studiu de caz poate inspira şi procese de Management al Schimbării care nu sunt în sfera educaţiei. Cu un minim de inspiraţie şi inovaţie experienţa din cazul de mai sus poate fi adaptată şi in alte sfere social – profesionale.

(1) Procesul de conştientizare

Procesul de conştientizare a constat în:

1. Concurs de eseuri pe tema: "Bunicii mei";
2. Vizite la căminul de bătrâni din localitate;
3. Seri de dialog la clubul pensionarilor.

Rezultatele procesului de conştientizare:

a. S-a conştientizat nevoia vârstnicilor de respect;

b. S-a conştientizat că vârstnicii singuri, fie la casa lor, fie instituţionalizaţi la căminul de bătrâni, au nevoie de socializare;

c. S-a conştientizat că experienţa vârstnicilor poate folosi elevilor.

Rezultatele procesului de conştientizare au fost preluate într-un ciclu managerial de **Managementul Schimbării** care a generat următoarele consecinţe:

A. Elevii au decis să organizeze Clubul *"Recunoştinţă şi Respect";*

B. Elevii au decis să organizeze pentru vârstnici *Serile de Socializare "Zâmbetul Bunicii"* ;

C. Elevii au decis să organizeze programul *"Bunicul la nevoie se cunoaşte"*, în care pensionarii cu experienţă în diverse domenii să ajute la lecţii pe elevii cu performanţe slabe la învăţătură.

Aşa cum am spus, în acest sub-capitol dăm atenţie etapelor procesuale şi manageriale, fără a ne concentra pe conţinutul, pe substanţa etapelor. Privim cu atenţie succesiunea secvenţelor manageriale. Iată mai jos schema managerială a unui Proces de conştientizare relaţionat cu studiul de caz: Agresiunea verbală şi fizică asupra vârstnicilor[43]:

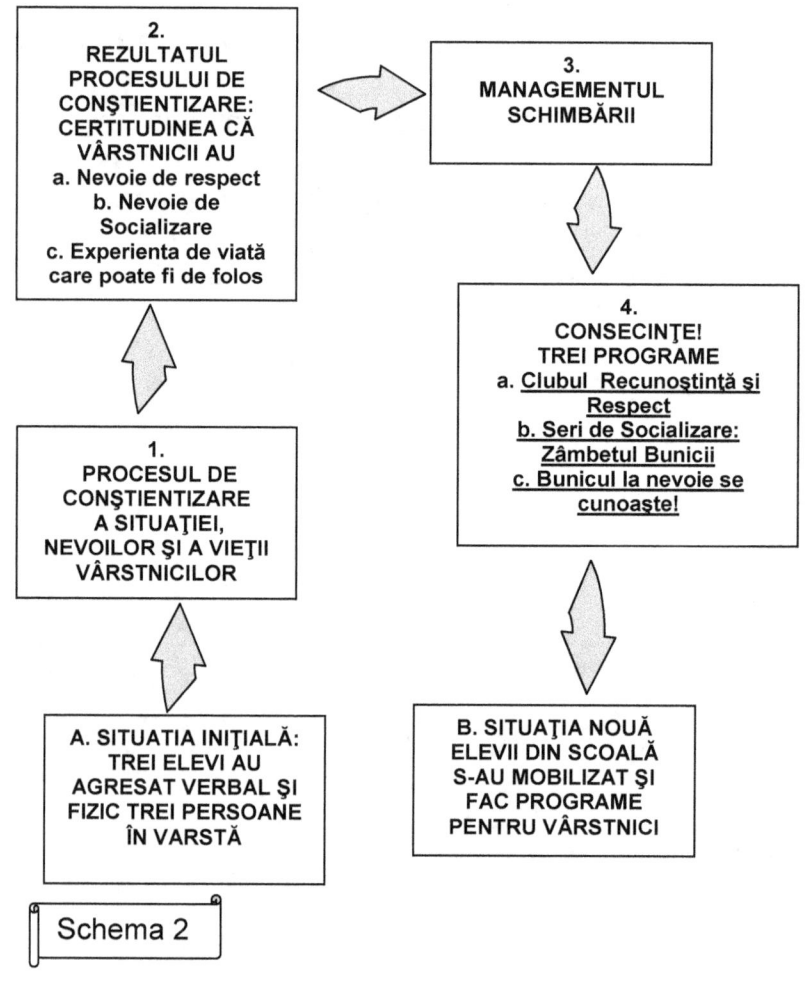

Schema 2

[43] Schema 2, Etape de management ale Procesului de Conştientizare în Cazul Agresiunii asupra Vârstnicilor

Exerciţiu recomandat la finalul etapei de conştientizare:

Prezentaţi elevilor studiul de caz X. Organizaţi grupuri de dezbatere formate din câte patru elevi.

Rugaţi elevii să reflecteze la modul în care, pornind de la trei evenimente particulare, s-a dezvoltat un proces de conştientizare la nivelul întregii comunităţi şcolare.

Rugaţi elevii să realizeze o comparaţie între consecinţele procesului de conştientizare şi posibilele consecinţe ale unui anchete disciplinare făcută conform regulamentului şcolar.

Daţi fiecărui grup de elevi prilejul să-şi exprime punctele de vedere.

Rugaţi elevii să argumenteze dacă rezultatele procesului de conştientizare au fost adecvate sau nu. Rugaţi elevii să spună ce ar fi decis ei să facă pentru a dovedi că au conştientizat nevoile (vârstnicilor, în cazul de faţă).

(2) Procesul de evaluare

Ca urmare a finalizării Procesului de Conştientizare, în vederea evaluării consecinţelor s-a generat la nivelul şcolii un Proces de evaluare. În cadrul procesului de evaluare Consiliul Profesoral a analizat etapele Procesului de Conştientizare:

    a.   Activităţile desfăşurate;
    b.   Metodele şi mijloacele folosite;
    c.   Participarea şi gradul de implicare al elevilor, părinţilor şi profesorilor;
    d.   Rezultatele şi indicatorii atinşi.

În concluziile finale ale evaluării s-a precizat că:

- ✥ procesul de conştientizare a generat schimbări la nivelul comunităţii şcolare, precum şi iniţiative concrete, însă ...
- ✥ făptuitorii agresiunilor s-au implicat doar în foarte mică măsură în procesul de conştientizare;
- ✥ indicatorul de impact nu s-a îndeplinit: implicarea celor trei elevi făptuitori de agresiuni asupra vârstnicilor şi asumarea conştientă a răspunderi, precum şi autodeterminarea de a îndrepta răul făcut, nu s-a împlinit;
- ✥ este nevoie ca în continuare, schimbările să îi implice efectiv pe aceia care, în mod direct, au fost făptuitori în agresiunile care au generat o suită de măsuri şi un proces de conştientizare cu privire la vârstnici.

După o sumară analiză a constatărilor făcute în procesul de evaluare s-a tras concluzia că, în cazul de faţă, pentru a determina o schimbare efectivă, nu este suficient să rămânem la realizările procesului de conştientizare şi la concluziile procesului de evaluare. Consiliul Profesoral a constatat la finalul procesului de conştientizare şi evaluare, că la nivelul comunităţii şcolare rezultatele erau frumoase, erau conforme cu valorile şcolii, însă cei trei elevi nu şi-au asumat nimic şi nici nu dădeau semne că ar dori să se implice. În aceste condiţii s-a hotărât că următorul pas să fie derularea unui Proces de responsabilizare.

Ca urmare a acestei decizii, consecinţele Procesului de Conştientizare:

- A. *Clubul "Recunoştinţă şi Respect"*
- B. *Serile de Socializare "Zâmbetul Bunicii"*
- C. *Programul "Bunicul la nevoie se cunoaşte!"*

au devenit în contextul noului proces, date de intrare sau SITUAŢIE INIŢIALĂ pentru Procesul de Responsabilizare (vezi Schema 3 în paginile următoare).

Exerciţiu recomandat pentru pregătirea procesului de responsabilizare:

Prezentaţi elevilor studiul de caz inclusiv cu datele din *Procesul de Evaluare.*

Organizaţi grupe de dezbatere (4-6 elevi).

Rugaţi elevii să exprime în grupul de discuţii opinii cu privire la necesitatea procesului de evaluare

Daţi fiecărei grupe prilejul să îşi exprime punctele de vedere.

Rugaţi elevii să argumenteze de ce cred ei că toţi colegii s-au implicat în activităţile a., b, c.

Dat fiind că cei trei elevi făptuitori încă nu s-au implicat şi deocamdată nu şi-au asumat răspunderea pentru faptele lor, rugaţi elevii să spună ce consideră ei că ar mai trebui făcut. Care ar fi direcţia de urmat ?

(3) Procesul de responsabilizare

Din punct de vedere managerial s-a decis ca **Procesul de responsabilizare** să aibă trei etape:

    (a) Evaluarea *Procesului de Conştientizare* la nivel de clasă, cu elevii;

    (b) Organizarea de întâlniri separate cu elevii făptuitori;

    (c) Organizarea întâlnirilor dintre făptuitori şi victime.

(a) Evaluarea Procesului de conştientizare la nivel de clasă[44], cu elevii, s-a desfăşurat chiar în clasele în care erau înscrişi cei trei elevi făptuitori ai agresiunilor asupra vârstnicilor. S-a

---

[44] Teresa Bliss, Mediation and Restoration in Circle Times, Optimus Education, London, pag. 16 sq

recomandat, în conformitate cu literatura de specialitate, ca evaluarea să se facă prin discuţii facilitate şi nu pe bază de chestionare, întrucât discuţia (verbalizarea) dă posibilitatea ca facilitatorul să acţioneze de aşa manieră încât dezbaterea să reflecte acel tip de înţelegere care generează respect[45].

Procesul de conştientizare la nivelul clasei, cu elevii, a inclus următoarele aspecte[46]:

A. Suspendarea gândirii vindicative. S-a recomandat elevilor să discute faptul şi să nu judece persoana; elevii au fost rugaţi să fie pe cât posibil imparţiali;

B. Ascultarea activă a opiniilor elevilor;

C. Încurajarea exprimării sentimentelor şi trăirilor în raport cu subiectul/tema;

D. Identificarea punctelor comune;

E. Intrarea în dialog a elevilor şi dezbaterea în cerc restrâns; s-a recomandat organizarea elevilor pe grupe de lucru de 4 - 6 elevi;

F. Înţelegerea proactivă (de către elevii făptuitori) a opiniilor şi a modului în care gândesc şi ceilalţi colegi;

G. Exprimarea dorinţelor şi opţiunilor de implicare. S-a recomandat evitarea blamului pentru faptele întâmplate şi orientarea, concentrarea pe posibilitatea de a îmbunătăţi situaţia.

(b) Organizarea de întâlniri separate[47] între mediator şi elevii făptuitori având ca teme / subiecte de discuţie:

 ↬ Ce au simţit?

 ↬ Ce au gândit?

 ↬ Ce ar fi dorit să se întâmple?

 ↬ Ce le-a plăcut în timpul activităţilor (din procesul de conştientizare la care au participat împreună cu colegii)?

---

[45] Ibidem, pag. 102

[46] Ibidem, pag. 103

[47] În cadrul întâlnirilor separate s-a aplicat ca metodă de abordare Examinarea Restaurativă. Această metodă este descrisă şi elaborată în Capitolul, Tipuri de Abordari Restaurative. Vezi şi Belinda Hopkins, Just Care, pag. 53 sq.

♺ Dacă şi-au făcut prieteni noi în timpul activităţilor?

♺ Dacă ştiu ce părere au prietenii lui despre procesul de conştientizare?

♺ Ce au aflat nou în timpul activităţilor?

♺ Dacă au o nouă ambiţie?

♺ Dacă s-a schimbat ceva sau nu ? (întrebarea trebuie formulată foarte deschis);

♺ Ce părere au despre noile iniţiative:

    A. *Clubul "Recunoştinţă şi Respect"*,

    B. *Serile de Socializare "Zâmbetul Bunicii"*,

    C. *Programul de mentorat "Bunicul la nevoie se cunoaşte"?*

♺ Ce şi-ar dori să facă în continuare? (întrebarea trebuie lăsată foarte deschisă pentru ca intenţiile să fie exprimate liber).

(c) Organizarea a trei întâlniri, între elevii făptuitori şi vârstnicii agresaţi

În toate demersurile de management al Schimbării, dar mai cu seamă în procesele de responsabilizare, maturitatea emoţională este extrem de importantă. Am constatat că majoritatea actelor de violenţă (cu precădere la adolescenţi) îşi au sorgintea pe fondul unei inteligenţe emoţionale precare. Altfel spus, dorinţa imatură – dezvoltată pe un fond emoţional instabil (de a brava prin non-conformităţi şi violenţă) – trebuie vindecată. Procesele restaurative fac acest demers tămăduitor prin întâlnirea directă între victimă şi făptuitor. Este bine ca acest demers să fie organizat în două faze:

✓ Faza I-a: Organizarea întâlnirilor de mediere între făptuitor şi victimă;

✓ Faza II-a: Implementarea măsurilor restaurative.

N. B. *În condiţiile în care, la evaluarea Procesului de Conştientizare, făcută de Consiliul Profesoral se constată că elevul făptuitor este suficient de determinat să îşi asume faptele şi măsurile reparatorii, "Etapa 1", adică Evaluarea Procesului de*

Conştientizare la nivel de clasă, cu elevii, poate fi suspendată.
Însă, în condiţiile în care făptuitorul nu are disponibilitatea de a se auto-responsabiliza şi de a îşi asuma măsurile reparatorii, procesul managerial de responsabilizare, pentru a produce rezultate, trebuie să conţină şi Etapa 1.

Această suită de procese:

1. Conştientizarea,
2. Responsabilizarea şi
3. Autodeterminarea

realizată în vederea schimbării comportamentului, este în fapt o suită de procese de maturizare emoţională şi socială[48] ce constituie fundamentele practicilor restaurative. Astfel, profesorii, prin organizarea activităţilor specifice de _Management al Comportamentului şi al Schimbării_, prin facilitarea conştientizării de către făptuitor, dau acestuia posibilitatea de a trece în mod practic la asumarea faptei şi la auto-responsabilizare, ambele ducând la schimbarea de comportament[49].

În schema de mai jos prezentăm fluxul managerial pentru _Procesul de Responsabilizare_, proces în care sunt preluate datele [consecinţele] _Procesului de Conştientizare._

---

[48] Belinda Hopkins, Just Care, Belinda Hopkins, Just Care, Restorative Justice Approaches to Working with Children in Public Care, Jessica Kingsley Publishers, London and Philadelphia, pag. 101

[49] Teresa Bliss, Mediation and Restoration in Circle Times, Optimus Education, London, pag. 104

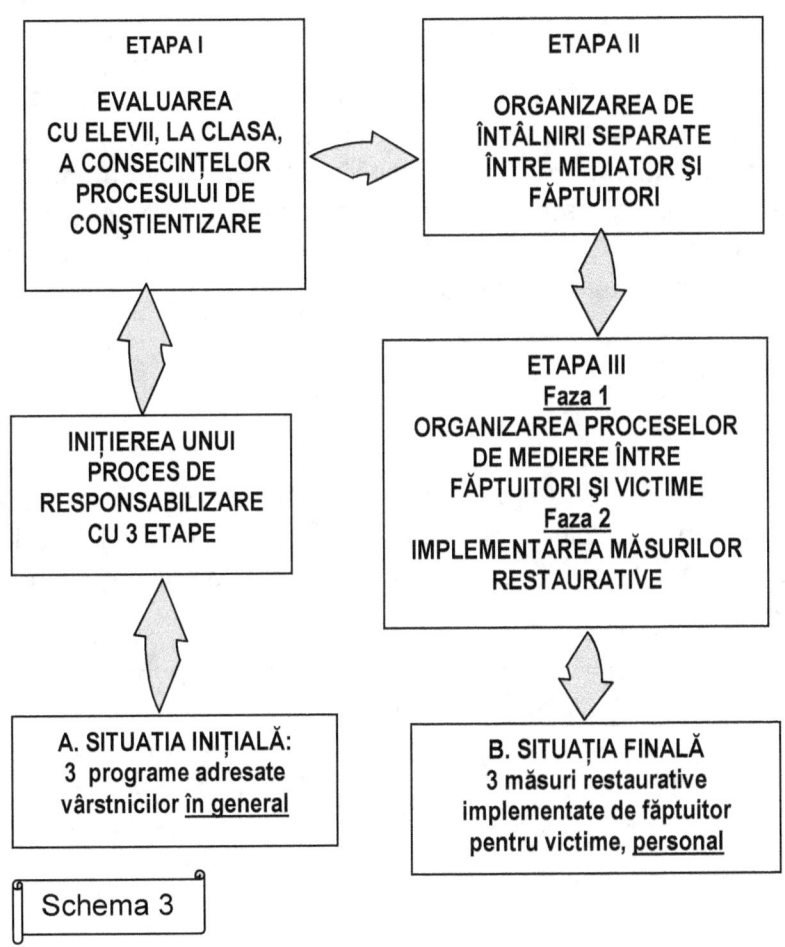

ETAPA I

EVALUAREA
CU ELEVII, LA CLASA,
A CONSECINȚELOR
PROCESULUI DE
CONȘTIENTIZARE

ETAPA II

ORGANIZAREA DE
ÎNTÂLNIRI SEPARATE
ÎNTRE MEDIATOR ȘI
FĂPTUITORI

INIȚIEREA UNUI
PROCES DE
RESPONSABILIZARE
CU 3 ETAPE

ETAPA III
Faza 1
ORGANIZAREA PROCESELOR
DE MEDIERE ÎNTRE
FĂPTUITORI ȘI VICTIME
Faza 2
IMPLEMENTAREA MĂSURILOR
RESTAURATIVE

A. SITUAȚIA INIȚIALĂ:
3 programe adresate
vârstnicilor în general

B. SITUAȚIA FINALĂ
3 măsuri restaurative
implementate de făptuitor
pentru victime, personal

Schema 3

Încheiem aici prezentarea studiului de caz, în aspectele sale manageriale. În capitolele care urmează vom pune accentul pe maniera de abordare și pe conținut. Vom vedea mai departe cum prin practici restaurative *(discuția restaurativă, cercul restaurativ, conferința de familie, conferința restaurativă, medierea între egali, medierea)* aplicabile individual, la nivelul clasei sau chiar la nivelul comunităţii integrate în procese care ţin de *Managementul Schimbării*, putem genera schimbări de comportament şi putem asigura consecvenţă în raport cu valorile asumate, în aşa fel încât *"Comportamentul"* să atingă statutul de "modus vivendi", de cultură comportamentală a comunităţii sau grupului social.

Cu titlul de exemplu, în şcolile din Marea Britanie există la nivelul instituţiei şcolare, alături de Politicile Anti-discriminare, sau Politicile Anti-bullying şi "Politicile de Comportament"[50], însă pentru a ajunge la acest nivel este necesar ca leadershipul şcolii să asigure – pe lângă specialişti şi programe de practici restaurative – participarea părinţilor[51].

Exercitiu:

După parcurgerea *Procesului de responsabilizare* descris în acest caz comparaţi opiniile elevilor (exprimate la exercitiul anterior) cu fluxul managerial descris în Schema 3 şi organizaţi cu elevii o dezbatere.

---

[50] Teresa Bliss, Mediation and Restoration in Circle Times, Optimus Education, London, pag. 105

[51] Teresa Bliss, Mediation and Restoration in Circle Times, Optimus Education, London, pag. 105

1.3 VALORI, MANAGEMENT, LEADERSHIP

Din analiza făcută de Margaret Thorsborne şi David Vinegrad în capitolul "Regândind Abordarea cu privire la Managementul Comportamentului", reiese cât de important este ca cele cele două elemente de bază în practicile restaurative, setul de valori şi leadershipul, să aibă asigurată joncţiunea şi coerenţa.

În analiza la care facem referire, cei doi autori afirmă că potrivit studiilor şi evaluărilor pe care le-au făcut, "atunci când profesorii şi managementul de top al unei şcoli discută despre cum ar implica pe elevi în viaţa comunităţii şcolare, majoritatea definesc şi exprimă iniţial un set de valori cu privire la importanţa învăţării pe tot parcursul vieţii, cetăţenia responsabilă şi importanţa comunităţii în viaţa fiecărei persoane; însă când sunt întrebaţi cu privire la concepţia/mentalitatea potrivit căreia abordează disciplina şi faptele ce contravin normelor, aceiaşi interlocutori trag concluzia că în mod practic, pe scară largă, abordarea este sancţiunea / pedeapsa"[52]. Nu comentăm rezultatele acestei cercetări, însă afirmaţiile autorilor sunt fără îndoială subiect serios de reflecţie şi

---

[52] Margaret Thorsborne & David Vinegrad, Rethinking Behaviour Management, Restorative Practices in Classrooms, Hobbs, UK, pag. 7

dorim ca în şcolile noastre să avem cât mai puţine astfel de incongruenţe.

În urma cercetării însă, întrebarea celor doi practicieni, menţionaţi mai sus, vine în chip firesc: Cum se face că profesionişti care valorizează atât de mult învăţarea pe tot parcursul vieţii, cetăţenia responsabilă şi rolul comunităţii, când vine vorba de practică valorizează proceduri care presupun sancţiuni / pedepse şi le consideră a fi optime şi eficiente pentru a schimba comportamentul?[53]. În această privinţă, aforismul lui Einstein: "Nu poţi obţine rezultate diferite folosind aceleaşi date şi aceleaşi metode" îşi dovedeşte încă odată veridicitatea.

Precum am spus de la bun început, în acest capitol, tot demersul nostru de până acum este orientat către modalităţile şi mecanismele care fac posibilă schimbarea şi optimizarea comportamentelor, însă pentru a genera schimbarea de comportament trebuie optimizate nu doar persoanele ci şi premizele, metodele şi abordarea managerială.

Astfel, prima concluzie pe care o avem confirmată în literatura de specialitate, vizează prioritatea pe care trebuie să o dea leadershipul identificării valorilor în comunitate. Identificarea valorilor este extrem de importantă şi pentru faptul că, adesea conflictele sunt generate de valori diferite, ori de sisteme cu valori diferite, iar încercările de a identifica valorile după ce s-a declanşat conflictul devin mai dificile, întrucât valorile îi determină pe oameni să se poziţioneze de o parte sau de alta[54].

Odată identificate valorile comunităţii, grupului, maniera de abordare trebuie să fie orientată către aceste valori şi, în mod concret, **metodele manageriale practicate să fie congruente cu valorile**. Prin urmare, dacă între valorile comunităţii, ale grupului, este şi aceea că "părerea fiecărui membru contează", sub nicio formă şi în nicio circumstanţă să nu se comunice unui membru

---

[53] Ibidem.
[54] Teresa Bliss, Idem, pag. 95-96;

faptul că trebuie să se supună deciziei "X" care prevede executarea unei sancţiuni, fără ca, în prealabil luării deciziei, să fie ascultată şi părerea lui/ei.

O a doua concluzie pe care o tragem din expunerea făcută de Margaret Thorsborne şi David Vinegrad, este orientată către funcţia leaderului în comunitate. Leaderul trebuie să vină cu o Viziune asupra modului cum se articulează valorile cu abordările practice în comunitatea respectivă.[55] Prin urmare, dacă liderul şcolar este consecvent cu sine însuşi, prin strădania de a **demonstra lipsa de contradicţie între declaraţiile sale teoretice şi abordările practice**, între metodă şi concept, abia atunci el devine credibil în faţa comunităţii şi are şanse să aplice consecvent practici restaurative sau chiar să permanentizeze practicile restaurative.

Prim urmare, lipsa de contradicţie între valori, concepţia teoretică agreată pretutindeni în practicile restaurative (că sancţiunea nu generează responsabilitate conştientizată în raport cu valorile comunităţii) şi metoda practică de a îmbunătăţii comportamentul, devin motoarele care pot genera premize optime pentru implementarea constantă şi consecventă a practicilor restaurative în şcoală.

A treia concluzie importantă este că **managementul comportamentului** în comunităţile care vor să folosească practici restaurative începe cu leaderul, după formula "împreună facem"![56] În acest tip de abordare, optimizarea comportamentului începând cu sine, leaderul generează un nou stil de viaţă în comunitate, în sensul că grupul social nu este un spaţiu unde unii comandă şi alţii execută, ci un spaţiu unde sarcinile sunt diferit alocate, însă responsabilităţile sunt împărtăşite de toţi membrii comunităţii.

---

[55] Margaret Thorsborne & David Vinegrad, Idem, pag. 10

[56] Se spune că armatele (comunităţile de militari) sunt de două feluri: 1. Armate în care comanda sună: "De la mine în jos toată lumea execută!" şi 2. Armate în care comanda sună: " Împreună cu mine toată lumea execută! Prin această anecdotă putem imagina distincţia între comandanţi şi leaderi, între comunităţile în care există şefi şi executanţi sau doar comunităţi în care gradele de responsabilitate sunt diferite.

Spre exemplu, in cadrul unei şcoli, chiar dacă în mod diferit, începând cu leaderul şi până la cel mai mic dintre elevi, toţi (politicieni, administratori, funcţionari, părinţi, elevi) sunt responsabili pentru a avea o educaţie de calitate.

PRACTICILE RESTAURATIVE ŞI NEVOIA DE LEADERI

Pentru a marca aşa cum se cuvine acest subiect, trebuie să plecăm de la câteva date concrete venite din aplicarea practicilor restaurative.

S-a constatat, în activităţile de reconciliere şi mediere, că în grupurile în care o singură persoană are monopolul poziţiei de leader, şansele de a avea rezultate restaurative sunt minime. Persoana care deţine "puterea", chiar dacă realizează că are în faţă un mediator / facilitator, neutru şi imparţial, intră într-un rol auto-asumat de apărător şi depozitar al valorilor grupului. Chiar dacă înţelege că o soluţie prin mediere este mai bună, îşi joacă, adesea până la capăt, cartea de monopolist şi unică interfaţă a grupului cu lumea. Dată fiind criza reală de leaderi, şi în lume dar şi la nivelul societăţii româneşti avem foarte mulţi leaderi autoconsacraţi, însă acceptaţi. Acest tip de leader, merge uneori cu atitudinea şi comportamentul său, până la limita blocării accesului la grup şi chiar până la blocarea accesului grupului la soluţii optime. Deşi este acceptat drept leader el/ea, de fapt se poartă ca unic rezident al puterii şi deciziei în grup. Facem această precizare pentru a atrage atenţia mediatorilor, facilitatorilor şi altor specialişti în practici restaurative, că este foarte important ca dincolo de leaderul "auto-consacrat" să-l găsească pe leaderul informal. Acesta este leaderul nedeclarat; autoritatea non-formală din grup, care stă în umbră şi care trebuie identificată şi valorizată în demersul restaurativ.

Aceleaşi constatări practice precum cele de mai sus, cu nuanţe bineînţeles, au fost făcute şi de Mary Montague [într-o societate care are educaţia de a nu suporta monopolul puterii, anume societatea britanică], când afirma că doi factori stau frână în practicile restaurative[57], adică în practicile care vor să transforme persoane şi comunităţi nu prin sancţiuni, ci prin conştientizare şi asumarea răspunderii:

> ✍ Schimbarea frecvenţă a leadershipului unei comunităţi – în sensul că grupul simte nevoia să schimbe un leader care joacă monopolist, însă noul leader deprinde repede acelaşi comportament de a monopoliza puterea şi prin urmare, se simte nevoia ca şi el să fie schimbat;

> ✍ Comunicarea între grup şi leader era săracă – tocmai datorită faptului expus mai sus, că falsul "leader" acaparează grupul şi generează către grup pretenţia de control.

Funcţiile leaderilor în practicile restaurative

În mod practic, nevoia de leaderi, în comunităţile care vor să folosească medierea sau alte metode restaurative, este una specifică oricărui demers restaurativ şi vine din cele **trei funcţii importante** pe care leaderii le asigură în cadrul activităţilor restaurative:

(1) Identificarea lucrurilor sensibile[58], este o funcţie crucială şi se cere a fi îndeplinită înainte de a fi prea târziu şi a face situaţia şi mai dureroasă. Este o funcţie ce asigură inclusiv construirea încrederii, factor fără de care nu se poate reliza nicio procedură restaurativă. Identificarea lucrurilor sensibile este necesară în orice demers restaurativ, însă în mod deosebit atunci când părţile au seturi de valori diferite. Identificarea corectă a sensibilităţilor asigură pentru viitorul proces restaurativ:

> ✍ *Articularea corectă a emoţiilor;*

---

[57] Mary Montague, Relationship to Reconciliation, The Corrymeela Community, Upper Crescent, Belfast, pag. 22

[58] Ibidem, pag. 29 - 30

↭ *Crearea platformei de încredere (leader–grup), în aşa fel încât leaderul să nu se simtă ameninţat de poziţia mediatorului/facilitatorului;*

↭ *Demontarea miturilor – demistificarea situaţiilor;*

↭ *Dezvoltarea înţelegerii cu privire la diferenţe.*

(2) Construirea încrederii[59], este o funcţie permanentă a leaderului, însă ea se manifestă în mod deosebit în situaţii de criză. Construirea încrederii are un rol definitoriu, fiind puntea de acces între facilitatorul neutru şi toţi membrii din comunitatea în care s-a întâmplat distrugerea relaţiilor. Odată stabilită o relaţie de încrederea aceasta asigură:

↭ *Deschidere – facilitarea comunicării;*

↭ *Sinceritate – posibilitatea de a avea o imagine autentică şi ne-distorsionată a evenimentelor şi motivaţiilor;*

↭ *Creşterea încrederii în sine, a fiecărui membru participant la procesul restaurativ.*

(3) Organizarea proceselor restaurative. Practica arată că dacă nu există un leader suficient de puternic care:

↭ *Să îndrume părţile către dialog,*

↭ *Să oprească polarizarea membrilor, a forţelor, de o parte sau alta,*

↭ *Să aducă în comunitate expertiza necesară pentru a rezolva diferendele,*

părţile, indivizi sau grupuri, vor escalada conflictul până la epuizarea mijloacelor şi resurselor. Această a treia funcţie pe care o are leaderul într-o comunitate şcolară, aduce în contextul de faţă şi un nou rol pentru leader, **rolul de promotor al conceptului de conciliere şi al practicilor restaurative.**

Prin urmare, ţinând cont de cele trei funcţii importante pe care leaderii le asigură în procesele restaurative, precum şi de constatările practice că unele persoane, în momentul în care se

---

[59] Ibidem, pag. 28

văd în poziţia de leader monopolizează pârghiile de comunicare şi pârghiile de putere, pentru a-şi menţine aura de apărător al "valorilor" grupului, este nevoie ca orice comunitate să deschidă porţile leadershipului.

Pentru a deschide cu adevărat porţile leadershipului, o comunitate ar trebui să aibă în vedere ca:

a. premizele pentru dezvoltarea leadershipului să fie prezente la toate nivelurile. Spre exemplu, într-o şcoală premizele trebuie să fie vizibile şi la nivelul clasei de elevi, şi la nivelul cancelariei, şi la nivelul administraţiei centrale a şcolii.

b. educaţia pentru leadership să fie una constantă şi să dea posibilitatea fiecărui membru să
- îşi dezvolte cunoştinţe teoretice şi abilităţi practice relaţionate cu leadershipul;
- recunoască valenţele dar şi limitele leadershipului;
- identifice graniţa între exerciţiul de putere şi leadershipul responsabil.

c. leadershipul să fie dinamic; deschis ca posibilitate tuturor membrilor.

În acest fel, pe de o parte comunitatea se optimizează şi devine mai conştientă de importanţa leadershipului autentic, iar pe de altă parte, prin educaţia pentru leadership şi formarea de abilităţi, îşi măreşte baza de selecţie a leaderilor.

Am afirmat mai sus că în societate există mulţi leaderi auto-consacrati. Afirmăm de asemenea că în societatea românească se face adesea confuzie şi între manager şi leader. Nu cu rea voinţă! Uneori din necunoaştere, alteori confuzia are la bază aspiraţia firească de a avea manageri care să fie şi leaderi.

Dorim să precizăm de la bun început că leadershipul are legătură cu ierarhia managerială şi că adesea, persoane cu funcţii organizaţionale / instituţionale sunt şi leaderi, mai ales cei care au fost investiţi pe bază de merite dovedite. Adesea, persoane din ierarhia managerială sunt şi leaderi. Dat fiind faptul că acestă lucrare are un subiect specific, delicat, întrucât funcţiile leaderului, precizate anterior, sunt vitale în orice demers restaurativ, în continuare vom face un scurt periplu în noţiunea de leadership.

Acest periplu este necesar pentru a înţelege mai bine cum funcţionează relaţia dintre practicile restaurative, management şi leadership şi care ar fi cea mai potrivită manieră, cel mai potrivit stil de leadership, pentru ca demersul restaurativ să fie unul de succes şi durabil.

Clasificările leaderilor

În materie de leadership avem două categorii de clasificări:

> **1. Clasificarea după sorginte**
>
> **2. Clasificarea după stil**

1. În clasificare după sorginte, avem leaderi:
- ✎ Acceptaţi sau auto-consacrati – care s-au luptat să ocupe poziţia, care îşi cultivă mentalul personal cu ideea de leader, îşi construiesc comportamentul şi personalitatea pe vectorii leadershipului, caută permanent noi cercuri şi grupuri în care să se poziţioneze;
- ✎ Investiţi – pe baza unor merite dovedite şi documentate; aceştia se relaţionează cu funcţia/poziţia ocupată temporar sau ad vitam, în funcţie de context şi de instituţie;
- ✎ Recunoscuţi/charismatici – leaderi care au charisma, abilităţile şi comportamentul care îi propulsează în zona de "recunoaştere" şi în poziţia de conducător al grupului social-profesional din care fac parte.

Ar fi ideal, ca în orice demers restaurativ să avem un leader recunoscut. Însă, când acesta lipseşte, ca specialişti în practici restaurative, ca mediatori, avem datoria de a lucra cu leaderii investiţi sau cu cei acceptaţi, şi de a-i valoriza la maxim în demersul restaurativ. Dacă există un leader informal, agreat de leadershipul formal, putem coopera cu acesta fără a periclita şi ameninţa poziţia leaderului formal. Situaţia cea mai dificilă şi mai ingrată în care poate fi un mediator/facilitator, este aceea în care comunitatea unde este chemat să lucreze are un leader formal auto-consacrat, iar leaderul informal, autentic, nu este agreat de leaderul formal. În această situaţie specialistul în practici restaurative, mediatorul/facilitatorul, trebuie să fie foarte atent la comportamentul liderului auto-consacrat, căci acesta are tendinţa:

- de a se poziţiona ca singură punte de legătură între grup, părţile în conflict şi mediator;
- de a direcţiona sau chiar monopoliza decizia;
- de a folosi demersul restaurativ pentru a îşi consolida poziţia şi imaginea în grup/comunitate.

2. Împărţirea clasică, după stilurile de leadership a fost făcută de Kurt Lewin împreună cu echipa sa de cercetători şi identifică trei[60] stiluri majore:

1. *autoritar – autocratic*
2. *participativ – democratic*
3. *delegativ – laissez faire*

Întrucât după anii 1970, conceptul de leadership a cunoscut – odată cu transformările aduse de noua eră în care a intrat cunoaşterea – o dinamică neaşteptată, diverşi cercetători între care James MacGregor Burns, au identificat noi stiluri de leadership, cel mai important şi mai relevant pentru tema acestei lucrări fiind

4. leadershipul transformativ.

Este adevărat că în România noţiunea de "restaurativ" este una nouă pe piaţa ideilor. La fel şi practicile restaurative sunt încă în faza de pilotare, însă în alte ţări există deja consacrat conceptul de comunitate restaurativă, comunitate în care atunci când se întâmplă un fapt ne-conform, un conflict, se acţionează primordial în vederea vindecării relaţiei distruse, prin asumarea de către

---

[60] Lewin's Leadership Styles, By Kendra Cherry, About.com Guide, http://psychology.about.com/od/leadership/a/leadstyles.htm

făptuitor a consecinţelor şi responsabilizarea acestuia în raport cu victima şi cu comunitatea. În astfel de comunităţi, sau în cele care îşi propun să devină restaurative se educă, se deprinde şi se practică *leadershipul transformativ*.

Specific leadershipului transformativ, este faptul că "liderii şi cei care îi urmează se sprijină unii pe alţii pentru a avansa împreună la nivele din ce în ce mai înalte de ţinută morală şi motivaţie"[61]. Spre deosebire de leadershipul autocratic şi de cel participativ, leadershipul transformativ dezvoltă forme şi procese prin care comunitatea este inspirată către motivaţii şi aşteptări care privesc binele comun.[62]

Leaderii transformativi apelează la idealurile şi valorile cele mai înalte ale comunităţii. Făcând astfel, ei crează posibilitatea modelării şi remodelării valorilor, în aşa fel încât, prin metode charismatice, membrii comunităţii sunt atraşi şi conduşi mai mult de valori decât de leader.

Leadershipul transformativ are avantajul că adesea, comunitatea poate funcţiona fără leader dacă acesta/aceasta absentează o vreme din comunitate. Leaderul transformativ este totdeauna din categoria leaderilor recunoscuţi şi este ideal să îl ai alături într-un demers restaurativ. Numai că, nevoia de demers restaurativ acolo unde sunt leaderi transformativi este foarte rară, tocmai pentru faptul că acele comunităţi sunt conduse transformativ, adică au o puternică orientare către valori.

Aproape toate lucrările de specialitate cu privire la practici restaurative analizează problema leadershipului, căci se pune firesc întrebarea: Ce fel de leadership trebuie să adopte o

---

[61] Kendra Cherry, About.com Guide, Transformational Leadership, apud James MacGregor Burns (1978). *Leadership*. New York: Harper & Row, http://psychology.about.com/od/leadership/a/transformational.htm; James MacGregor Burns Transformational Leadership, Development Transformational Leadership (2nd Edition)

[62] Kendra Cherry, Idem

comunitate, pentru ca practicile restaurative să îşi găsească locul şi să facă, aşa cum se zice în popor, "casă bună"?

Dat fiind faptul că leaderii transformativi, pe de o parte sunt rari, iar pe de altă parte ei se dezvoltă şi cresc doar în relaţia cu comunitatea, din practica personală şi din concluziile lucrărilor de specialitate, comunităţilor (educaţionale, profesionale, de afaceri) care doresc să implementeze practici restaurative le recomandăm adoptarea leadershipul participativ, echilibrat. Facem această recomandare întâi de toate, pentru ca funcţia care priveşte construirea încrederii să fie asigurată în manieră optimă, iar leadershipul să nu fie perceput ca fiind agresiv sau vag (cum se întâmplă în privinţa stilului autocrat, respectiv stilului delegativ, laissez-faire).

Este de mare importanţă să precizăm că, în leadershipul transformativ, membrii comunităţii fiind conduşi mai mult de setul de valori, rolul leaderului este acela de a ţine permanent valorile în lumina reflectoarelor, iar statutul leaderului este de "primus inter pares"[63], adică întâiul între egali, un concept larg răspândit în materia leadershipului. În măsura în care este la cota superioară, şi leadershipul participativ funcţionează pe principiul "primul între egali".

Aplicate în mod corect, stilurile de leadership care funcţionează pe baza conceptului "primul între egali" sunt cele mai de dorit atunci când implementăm practici restaurative. Ele asigură eficienţa şi stabilitatea demersului restaurativ întrucât:

↷ mobilizează şi motivează în mod egal pe toţi membri;

↷ asigură accesul la mecanismele leadershipului pentru toţi membri, la toate nivelele de competenţă din comunitate;

↷ în ce priveşte starea comunităţii, responsabilizează pe membri în mod egal;

↷ asigură conştienţa că fiecare poate şi trebuie să contribuie;

---

[63] http://en.wikipedia.org/wiki/Primus_inter_pares

↪ conducerea comunităţii capătă stabilitate şi echilibru, rolul formal putând fi preluat "din mers" de oricare alt membru de rang egal al comunităţii;

↪ ajută ierarhia managerială formală şi/sau pe leaderul investit formal (dacă acesta există) să fie echilibrat şi ponderat în arogarea unor drepturi suplimentare, să nu abuzeze de poziţia pe care o deţine.

Leaderii de tip "primul între egali" sunt conştienţi că poziţia lor de leader este înrădăcinată în recunoaşterea pe care le-o acordă comunitatea şi că în consecinţă, recunoaşterea este cu atât mai mare cu cât mediul social – profesional este mai lipsit de tensiuni, de conflicte, de vexaţiuni ale valorilor agreate în comunitate, şi prin acestea implicit performanţele societăţii cresc calitativ.

Precizăm aşadar, în special pentru cei care au funcţii de conducere, că alegerea stilului de leadership este crucială pentru implementarea practicilor restaurative. Este crucială pentru că în contextul practicilor restaurative între leadership şi management trebuie să există o relaţie de colaborare optimă. Precum am afirmat mai sus, leadershipul are şi funcţia de contribui la organizarea proceselor restaurative, iar în această funcţie se întâlneşte în mod direct cu managementul. Arareori leadershipul şi ierarhia managerială sunt deţinute de aceeaşi persoană, în special din cauza faptului că deciziile manageriale nu pot fi totdeauna pe placul tuturor. Totuşi, în practicile restaurative managerul şi leaderul trebuie, fără doar şi poate, să coopereze de o manieră optimizată.

Exerciţiu

Opţiune de Leadership:

Pentru a fi mai convingători cu privire la eficienţa stilurilor de leadership, vă invit să facem un exerciţiu de proiecţie. În acest exerciţiu, nevoia practică este de a conştientiza cât de important este stilul leaderului şi cât de semnificativ se schimbă situaţia şi modul de a pune problema, de a acţiona (de la un stil la altul).

Situaţia:

Un diriginte (manager de clasă) vine la director (leader) şi spune: am avut o consfătuire cu mediatorul şi este nevoie să începem un Proces de conştientizare care are o semnificativă componentă de Management al Schimbării.

Cunoscând că Profilul Verbal [Amprenta de Comunicare] a celor patru stiluri majore de leaderi este cel din tabelul de mai jos, reflectaţi şi răspundeţi celor trei sarcini enunţate sub tabel:

TRANSFORMATIV	DELEGATIV
Asta chiar se potriveşte cu aspiraţiile şi valorile noastre! Hai să adunăm o echipă în jurul acestei idei!	**Bine, păi... cum consideraţi voi! Succes!...**
PARTICIPATIV	AUTORITATIV
Vino să analizăm împreună şi să vedem cum ar fi mai bine!	**Nu zic că nu e bine, dar, ... nu trebuia să ştiu şi eu ...?**

Sarcina 1. *În aprox 50 de cuvinte pentru fiecare stil, previzionaţi cum ar răspunde fiecare din cei patru directori, leaderi cu stiluri diferite, la informarea facută de diriginte.*[64]

Sarcina 2. *Optaţi pentru leaderul cu care credeţi că ar fi cel mai potrivit să discutaţi nevoia unui Proces de conştientizare şi a unui demers managerial de schimbare. Aduceţi argumente!*

Sarcina 3: *Organizaţi o dezbatere în care participanţii să aducă argumente în favoarea opţiunilor lor, iar la final participanţii să voteze în favoarea stilului pe care îl vor adoptat în şcoală.*

Timp: 1 oră

Potenţiali participanţi: profesori, elevi, părinţi

---

[64] n.a./MB, * În conexiune cu această sarcină se pot organiza jocuri de rol

Rezultatul acestui exerciţiu de proiecţie ne arată importanţa alegerii stilului de leader în implementarea practicilor restaurative. Importanţa conştientizării nuanţelor este subliniată în mod deosebit de Mary Montague, în contextul analizei cu privire la construirea încrederii (funcţie majoră a leadershipului), într-o comunitate care face apel la practici restaurative. Montague, practician cu vastă experienţă în procese restaurative, în lucrarea "Relationship to Reconciliation" precizează leaderilor: *"Fiţi conştienţi şi veghetori la stilul vostru de leaderi, căci siguranţa de sine şi încrederea grupului este afectată de calitatea leadershipului. Dacă este prea autocratic, ori prea delăsător, încrederea grupului este subminată"*.[65]

Prin urmare, orice leader, la orice nivel, trebuie să conştientizeze că prin stilul său de conducere poate submina sau poate construi şi fortifica încrederea membrilor comunităţii pentru care au responsabilitate.

Importanţa alegerii stilului de leader este subliniată şi de Belinda Hopkins în lucrarea "Just Care", în contextul mai larg al dezbaterii cu privire la subiectul "cine face regulile şi cine rezolvă problemele?". Hopkins afirmă că "prea multă impunere de reguli şi limitări îi face pe elevi să simtă că nu sunt ascultaţi şi respectaţi, şi datorită acestui fapt vor fi înclinaţi să dezvolte rezistenţă şi să ignore regulile"[66]. De asemenea, adoptarea unei poziţii "supra-protectoare, generează senzaţia de slăbiciune şi tratament lipsit de consideraţie şi de respect"[67]. În aceeaşi măsură şi având acelaşi rang de importantă, echilibrul proceselor este şi el dependent de stilul de leadership adoptat: "lipsa regulilor, a unei abordări structurate şi a definirii responsabilităţii" fiecărui membru al comunităţii şcolare (elevi, părinţi, profesori) "poate fi periculoasă şi generatoare de confuzie"[68].

---

[65] Mary Montague, Idem, pag. 36

[66] Belinda Hopkins, Just Care, Restorative Justice Approaches to Working with Children in Public Care, Jessica Kingsley Publishers, London and Philadelphia, pag. 42

[67] Ibidem

[68] Ibidem

Aceste constatări, cu privire la efectele generate de supra-reglementare, sub-reglementare ori supra-protecție, sunt valabile în orice sistem social – profesional, nu doar in sistemul de educație.

Acesta este motivul pentru care recomandăm comunităţilor şcolare adoptarea stilurilor de *Leadership Transformativ* sau *Participativ*, cu forma lor cea mai optimă, cea în care leaderul este un "prim între egali", adică are poziţia înrădăcinată în recunoaşterea naturală, venită din partea membrilor comunităţii.

CAPITOLUL 2

ABORDĂRI RESTAURATIVE ÎN SOLUŢIONAREA CONFLICTELOR

2.1. TIPURI DE ABORDĂRI RESTAURATIVE

A. EXAMINAREA SAU ANALIZA RESTAURATIVĂ

Examinarea sau Analiza Restaurativă este în viziunea tuturor practicienilor în facilitare, mediere şi practici restaurative cea mai importantă formă de abordare restaurativă. Este fundamentul oricărui demers restaurativ. Examinarea Restaurativă face de la bun început diferenţa între Practicile Restaurative şi Practicile Retributive. Ea vine cu o manieră de abordare noninvazivă, neameninţătoare şi neutră. Cu o abordare în care părţile nu afirmă exclusiv poziţia personală, ci cooperează pentru a înţelege ce s-a întâmplat. Precum am văzut în primul capitol, practicile restaurative se bazează foarte mult pe procese de conştientizare. În fapt, orice proces de conştientizare începe cu această procedură de examinare şi analiză, iar prima inserţie de conştiinţă vine din faptul că părţile se raportează la context şi la alte persoane.

Iniţial, în literatura de specialitate şi în practică, Examinarea Restaurativă a fost doar o etapă importantă, integrată metodelor şi procedurilor restaurative. Era considerată "Etapa I" sau "Pasul I". Cea care a ridicat teoretic şi practic cota acestei "etape" la rangul de "practică" - sau abordare restaurativă de sine stătătoare, de metodă - este Belinda Hopkins, care a integrat în practicile restaurative ideile teoretice şi soluţiile inovative ale soţilor Steve de Shazer[69] şi Insoo Kim Berg. Hopkins s-a inspirat din practica lui Shazer, care azi este cunoscută sub numele de "Solution Focused Brief Therapy – Scurtă Terapie cu Focus pe Soluţie"[70], pe care a coroborat-o cu teoria şi practica dezvoltate de Sally Cherry în "Modelarea Pro-Sociala"[71]. Aşa se face că în anul 2009, când publică "Just Care", Belinda Hopkins vine cu o argumentaţie suficient de puternică şi lămuritoare pentru a ne convinge că Examinarea–Analiza Restaurativă este o abordare, o practică restaurativă de sine stătătoare[72].

În practicile restaurative, *Examinarea* înlocuieşte *Ancheta Disciplinară* din practicile retributive. Dacă în practicile retributive identificarea vinovatului/vinovaţilor şi încadrarea pedepsei sunt momentele cele mai importante, întrucât problema se pune tranşant, în practicile restaurative, *Examinarea* dezvoltă incipient mai multe tipuri de procese:

- ✤ de conştienţă cu privire la propriile gânduri, simţăminte şi emoţii;
- ✤ de conştientizare a efectelor comportamentului personal;
- ✤ de percepţie a situaţiei din perspectiva personală;

---

[69] Belinda Hopkins, Just Care, pag. 55

[70] Steve de Shazer and Yvonne Dolan, More Than Miracles: The State of the Art of Solution-Focused Brief Therapy, Routledge, 2007

[71] Sally Cherry, Transforming Behaviour: Pro-Social Modelling in Practice, Willan Publishing, 2005

[72] Belinda Hopkins, Just Care, pag. 53-87.

⇨ de reflecţie cu privire la motivaţii şi responsabilităţi;

⇨ de empatie;

⇨ şi adesea, de schimbare a perspectivei prin orientarea către valori.

Pentru a înţelege mai bine importanţa Examinării Restaurative, vă propunem o foarte scurtă şi schematică analiză comparativă.

Ancheta Disciplinară are două obiective clare:

> identificarea vinovatului/vinovaţilor;
> încadrarea regulamentară a sancţiunii[73].

Pentru exemplificare, vom folosi preponderent bibliografie de reglementări din domeniul educaţional, cel mai cunoscut publicului şi in acelaşi timp şi cel mai complex şi mai riscant, întrucât există posibilitatea, ca de pe bancile şcolii un elev să ajungă chiar şi în penitenciarul de minori.

Cel însărcinat cu realizarea **anchetei disciplinare** trebuie să aibă la finalul acesteia drept <u>rezultat</u>:

⇨ una sau mai multe persoane vinovate, eventual în grade diferite de vinovăţie[74];

⇨ una sau mai multe propuneri de încadrare regulamentară, sancţiuni[75], eventual diferenţiate, fie după gradul de vinovăţie, fie după alte criterii.

---

[73] Ministerul Educaţiei şi Cercetării, Direcţia Generală Învăţământ Preuniversitar, <u>Regulamentul de organizare şi funcţionare a unităţilor de învăţământ preuniversitar</u>, 2005. * În vigoare la data elaborării acestui Ghid; Conform Art. 28 litera i) Consiliul Profesoral "decide asupra tipului de sancţiune disciplinară aplicată elevilor care săvârşesc abateri"; Art. 40. litera g) dă Consiliului Clasei atribuţia de a "*propune dirigintelui, directorului sau consiliului profesoral, după caz, sancţiunile disciplinare prevăzute pentru elevi de prezentul regulament şi de regulamentul intern*". Potrivit Art. 42 litera l) şi litera o) învăţătorul şi dirigintele au atribuţii în a aduce la cunoştinţă părinţilor sancţiunea administrată elevului.

[74] Ibidem. N. B. Art.118. (1) Prevede ca "elevii care săvârşesc fapte prin care se încalcă dispoziţiile legale în vigoare, inclusiv regulamentele şcolare, *vor fi sancţionaţi în funcţie de gravitatea acestora.*"

[75] Ibidem. N.B. Singura sancţiune care nu este purtătoare de măsuri disciplinare este "Observaţia individuală" care cf. Art.119. (3) *nu atrage şi alte măsuri disciplinare.*

Este important să subliniem că investigatorul, în ancheta disciplinară are de aflat şi de rezolvat doar două chestiuni: *Cine a înfăptuit şi ce sancţiune/pedeapsă trebuie să i se administreze?*

Dacă ancheta disciplinară nu vine cu aceste rezultate se consideră că sarcina [efectuarea anchetei] nu a fost îndeplinită.

Limbajul, dar mai ales modul de comunicare folosit în ancheta disciplinară nu este reglementat, deşi există nenumărate studii care arată cât de important este limbajul în recuperarea atitudinii unei persoane care a înfăptuit ceva neconform.

Ancheta disciplinară se face în mod clasic pe tiparul: *identifică-l, dojeneşte-l, mustră-l (fă-l de ocară) şi sancţionează-l.* Toate acestea sunt tipuri de sancţiuni precizate în Regulamentul şcolar din România (ediţia 2005), şi se practică şi în alte părţi de lume, iar Belinda Hopkins le identifică întocmai[76]. Bineînţeles că atunci când dojeneşti, mustri şi sancţionezi, limbajul este adecvat acţiunilor pe care le întreprinzi.

Metoda aplicată în cercetarea disciplinară, este la dispoziţia, la libera alegere a celui care face ancheta. Practic nu există nicio metodologie, niciun ghid de cercetare disciplinară după care să se orienteze persoana care are această sarcină. Spre exemplu, Regulamentul şcolar în vigoare (ediţia 2005), chiar şi în cazul în care avem preconizate măsuri disciplinare cu efecte grave, precum exmatricularea, cu şi fără drept de reînscriere, lasă evaluarea gravităţii abaterii la aprecierea Consiliului Profesoral[77]. Ca atare, ancheta disciplinară poate chiar să se rezume la o discuţie în cancelarie, între membrii Consiliului Profesoral.

În situaţiile în care se face o anchetă disciplinară, maniera de abordare, în general, este presiunea psihică de genul: "oricum nu ieşiţi/plecaţi de aici până nu spuneţi", "până nu vin părinţii voştri

---

[76] "name, balme, shame and punish", Belinda Hopkins, Just Care, pag. 36.

[77] Ministerul Educaţiei şi Cercetării, Direcţia Generală Învăţământ Preuniversitar, Regulamentul de organizare şi funcţionare a unităţilor de învăţământ preuniversitar, 2005. Art, 127 (1) si 128 (1).

nici nu plecaţi acasă"; adică o anchetă disciplinară prin inocularea de ameninţări. Blamul este întotdeauna prezent şi adesea semnificativ în ancheta disciplinară, şi vine din simplul fapt că făptuitorul este raportat la un set de reglementări care prevede sancţiuni predefinite şi de tip şablon. În ancheta disciplinară până şi întrebarea "de ce ai făcut asta?" e o întrebare retorică, e doar aşa, un fel de manifestare a bunăvoinţei. Cel mai semnificativ lucru despre ancheta disciplinară este legat de faptul că priveşte la relaţia dintre părţi, în mod preponderent din perspectiva interacţiunii lor ne-conforme şi o menţine în acest status, o îngheaţă în situaţia de conflict; nu e treaba anchetei ce se va întâmpla cu relaţia dintre părţi, căci ancheta se face pentru a administra sancţiuni disciplinare. Făptuitorul este evaluat în raport cu sistemul, nu cu comunitatea, şi este plasat într-o poziţie antagonică cu acestea.

Examinarea Restaurativă are şi ea obiective clare, însă, aceste obiective sunt relaţionate cu valorile şi cu nevoile comunităţii, aşa cum spuneam în Capitolul I al acestei lucrări. Obiectivele *Examinării Restaurative* sunt:

- ☑ conştientizarea de către părţile implicate a situaţiei şi a efectelor;
- ☑ identificarea cauzelor şi circumstanţelor care au declanşat conflictul;
- ☑ orientarea persoanei/persoanelor implicate spre asumarea responsabilă a faptelor;
- ☑ identificarea nevoilor de schimbare, la nivel personal, de grup sau chiar la nivel de comunitate;
- ☑ repararea relaţiilor distruse.

Cel care face *Examinarea Restaurativă* trebuie să aibă drept rezultat la finalul acesteia:

A. conştientizarea faptului că ceea ce s-a întâmplat nu este conform cu valorile;

B. asumarea responsabilităţii pentru a repara răul făcut;

C. propuneri realiste şi implementabile de schimbare, de remodelare.

Spre deosebire de *Ancheta Disciplinară*, *Examinarea Restaurativă* nu are obligaţia de a produce ca rezultat o măsură concretă, căci măsurile şi deciziile restaurative nu sunt monopolul examinatorului. Chiar dacă făptuitorul propune măsuri restaurative acestea trebuie discutate şi cu celelalte părţi, şi adesea în clasă, sau chiar la nivel de şcoală, căci în practicile restaurative decizia este una participativă, nefiind raportată la şabloane predefinite.

Am văzut în studiul de caz "Agresiunea verbală şi fizică asupra vârstnicilor", că dintre deciziile luate iniţial a lipsit *Examinarea Restaurativă*, iar activităţile aprobate de Consiliul Profesoral au generat asumarea responsabilităţii mai întâi la nivelul comunităţii şcolare. Notăm însă, că până nu s-a implementat *Examinarea Restaurativă*, cei trei elevi care au făptuit acte de agresiune asupra vârstnicilor nu şi-au schimbat atitudinea şi comportamentul, nu şi-au asumat responsabilitatea şi măsurile reparatorii. Iată dar, cât de importantă este Examinarea Restaurativă!

Sarcina Examinării Restaurative nu este să identifice măsuri, sancţiuni ori măsuri retributive, ci să determine voinţa făptuitorului/sau făptuitorilor de a repara dezechilibrul. *Examinarea Restaurativă* are menirea să-i determine – pe cei implicaţi în situaţii ne-conforme – să se raporteze din nou la valorile comunităţii de la care au abdicat temporar.

Limbajul folosit în *Examinarea Restaurativă* este unul conform cu valorile la care se raportează comunitatea, valori care generează manierele de comunicare şi de comportament. În comunităţile care implementează practici restaurative, maniera de comunicare şi comportament nu se schimbă atunci când se întâmplă o non-conformitate, un conflict[78]. Dacă la *Ancheta Disciplinară* nu aveam nicio metodologie, niciun protocol care să reglementeze modul în care se face aceasta, în *Examinarea Restaurativă* avem o

---

[78] Belinda Hopkins, Just Care, pag. 83; autoarea recomandă tuturor celor care vor sa faciliteze / medieze în Practici Restaurative, dar în special în Examinări Restaurative, să citească lucrarea "Non-Violent Communication" de Marshall Rosenberg (1999).

metodologie, cu 5 teme majore şi un set minimal de elemente cheie[79]. Maniera Examinării este una deschisă, în care se evită presiunile psihice şi emoţionale de orice gen. Pentru ca dialogul să fie fructuos, examinatorul caută mai degrabă să fortifice pe făptuitor şi să îl echilibreze emoţional (dacă este nevoie). Ca regulă generală, examinatorul nu duce discuţia sub nicio formă în zona de ameninţare a făptuitorului. Blamul este exclus total din examinarea restaurativă, iar făptuitorul este îndemnat să se raporteze el însuşi (*atenţie nu este raportat de către examinator) la valori. În *Examinarea Restaurativă* nu avem nici cea mai mică nuanţă de întrebare retorică, ci un set minimal de întrebări clare, tratate ne-retoric, cu toată seriozitatea, într-un dialog structurat[80].

Cel mai semnificativ lucru despre *Examinarea Restaurativă* este legat de faptul că tot ce se întâmplă în această metodă de abordare este orientat către posibilitatea reparării relaţiilor dintre părţi, nu către *ce sancţiune se cuvine fiecăruia*. Măsurile care vor fi decise şi asumate (*atenţie, nu impuse!) sunt doar pârghii în vederea reparării relaţiilor, nu scop final al examinării. De asemenea, în *Examinarea Restaurativă* părţile nu sunt plasate în poziţie antagonică cu comunitatea, ci sunt chemate să revină la valorile comunităţii din care fac parte prin schimbarea de atitudine şi comportament.

Totodată, trebuie spus la finalul acestei analize comparative că atât *Ancheta Disciplinară* cât şi *Examinarea Restaurativă* se fac prin intermediul întrebărilor. Diferenţa este dată de faptul că în *Ancheta Disciplinară* întrebările sunt închise, iar în *Examinarea Restaurativă* întrebările sunt deschise.

Examinarea Restaurativă este o reală schimbare de paradigmă[81]. Dincolo de faptul că este abordarea de bază în toate practicile restaurative, este un instrument cadru foarte eficient în orice

---

[79] Belinda Hopkins, Just Care, pag. 56.
[80] Belinda Hopkins, Just Care, pag. 85.
[81] Belinda Hopkins, Just Care, pag. 55.

demers de rezolvare a conflictelor[82]. Chiar dacă a căpătat statut de abordare restaurativă de sine stătătoare, ea rămâne etapă iniţială în orice altă metodă restaurativă, de la *Dialogul Restaurativ* până la *Mediere*.

Prezentăm în tabelul de mai jos cele Cinci Teme ale *Examinării Restaurative*, împreună cu setul minimal de întrebări aferente[83], căci acesta sunt comune tuturor practicilor restaurative:

Teme fundamentale	Întrebări cheie
1. Perspectivele personale	Ce s-a întâmplat?
2. Corelarea gândurilor cu sentimentele şi comportamentul	Ce ai gândit? Şi ce ai simţit?
3. Răul produs, efectele şi pe cine a afectat	Cine a fost afectat? Care au fost urmările?
4. Nevoi	Ce nevoi neaşteptate s-au ivit în urma răului produs
5. Responsabilitate; fortificare; implicare în soluţionarea problemelor	Ce ar fi de dorit (nevoie) să se întâmple acum? Ce ai dori să faci? Ce ai putea să faci?

Metoda şi principiile Examinării Restaurative

În Examinarea Restaurativă, principala tehnică este aceea a dialogului care explorează. Aşa cum am arătat mai sus, este vorba de perspectiva pe care o persoană implicată o are asupra celor întâmplate. Deasemenea, se explorează sentimentele, gândurile, trăirile, precum şi posibilităţile de a recupera stricăciunile, materiale sau emoţionale produse.

---

[82] Belinda Hopkins, Just Care, pag. 85.

[83] Ibidem.

Ca principii general valabile în *Examinarea Restaurativă* avem faptul că mediatorul examinator:
- ✍ nu blamează,
- ✍ nu judecă,
- ✍ nu face niciun fel de presiune emoţională,
- ✍ orientează dialogul către valori sau cel puţin ţine reflectorul pe valori,
- ✍ nu încearcă cu orice preţ să obţină o soluţie, deşi Tema 5 este importantă.

În contextul Proceselor Manageriale despre care am vorbit în sub-capitolul *Managementul Clasei*, Examinarea Restaurativă îşi găseşte rolul şi locul în următoarele procese:
- ✍ de conştientizare,
- ✍ de evaluare iniţială şi intermediară,
- ✍ de responsabilizare,

în funcţie de evoluţia, dinamica şi de stadiul în care se află activităţile de *Managementul Schimbărilor*.

Dacă făptuitorul nu a conştientizat încă efectele acţiunilor sale, vom folosi *Examinarea Restaurativă* pentru a ajuta pe făptuitor să conştientizeze. Astfel, pentru a genera un rezultat legat de conştientizare, în cadrul examinării, accentuăm mai mult Temele 1 şi 2 ale Examinării. Dacă pentru făptuitor este mai dificil să evalueze corect care sunt efectele faptelor sale, examinarea va insista mai mult pe Temele 3 şi 4. Dacă făptuitorul nu are încă suficientă tărie, nu se simte suficient de fortificat să îşi asume responsabilitatea şi să propună măsuri restaurative, examinarea poate fi reluată cu accent pe Tema 5.

În mod concret, Examinarea sau Analiza Restaurativă poate fi reluată şi folosită ori de câte ori examinatorul / mediatorul şi părţile implicate într-o situaţie ne-conformă, de comun acord, simt nevoia să clarifice aspecte, să adâncească înţelegerea asupra unor detalii ale conflictului.

Pentru o mai bună şi clară distincţie între *Cercetarea Disciplinară* şi *Examinarea Restaurativă*, în tabelul de mai jos sintetizăm specificul fiecărui tip de abordare:

	Ancheta Disciplinară	Examinarea/Analiza Restaurativă
Finalitate orientată către	Sancţiuni / Pedepse	Valori
Efectele orientării procesului	Excluderea şi izolarea făptuitorului prin sancţiuni şi hotărâri administrative ce pot culmina cu excluderea / exmatricularea	Recuperarea şi integrarea făptuitorului prin procese de Managementul Schimbării
Se raportează la	Norme şi Regulamente impuse comunităţii în mod ierarhic	Valorile asumate participativ în comunitate
Relaţia între părţi	Este de interes doar dacă există un trecut conflictual; Reţine în seama părţilor conflictul întâmplat; Sistemul şi normele primează	Este de interes pentru viitor. Refacerea relaţiei este prioritară; este mai presus de organizaţie, de sistem şi de normele lui
Are sarcina de a	Încadra şi corela faptele cu măsuri disciplinare	Descoperi propuneri realiste pentru repararea situaţiei
În urma hotărârilor	Se administrează sancţiuni / pedepse	Se implementează măsuri restaurative
Stimulează şi identifică	Vinovăţia pentru a face acceptabilă sancţiunea	Motivaţii pentru asumarea răspunderii
Conectează pe făptuitor la	Lista de sancţiuni / pedepse	Setul de valori

	Ancheta Disciplinară	Examinarea/Analiza Restaurativă
Are caracter	Nesistematizat tematic	Sistematizat tematic
Tipul de limbaj	Dojană, mustrare (cf. legii)	Ne-acuzator, ne-vindicativ, ne-etichetant
Comunicarea cu făptuitorul	Nu e structurată metodologic; Are caracter interogativ	Este structurată metodologic; Este un dialog real
Obiectiv specific	Recunoaşterea vinovăţiei şi acceptarea sancţiunii	Echilibrarea emoţională a victimei şi responsabilizarea făptuitorului în raport cu situaţia creată
Generează un raport între	Fapte şi sancţiuni / pedepse	Fapte şi valori
În urma concluziilor avem	Măsuri punitive impuse făptuitorului	Măsuri restaurative asumate de făptuitor şi agreate de victimă
Măsurile luate sunt	Bariere între făptuitor şi victimă; Asigură izolarea făptuitorului de victimă	Punţi pentru refacerea relaţiilor distruse; Asigură comunicarea între victima şi făptuitor
În raport cu victima, cultivă sentimente de	Vinovăţie şi/sau frustrare	Regret şi empatie
Maniera	Presiune psihică şi emoţională	Non-invazivă, ne-ameninţătoare, neutră, imparţială

	Ancheta Disciplinară	**Examinarea/Analiza Restaurativă**
Atitudinea	Poziţionată, alături de sistem şi de regulamente	Ne-poziţionată, neutră, imparţială
Funcţii	Justificarea faptelor; Recunoaşterea vinovăţiei; Acceptarea sancţiunilor / pedepselor	Conştientizare; Evaluare a situaţiei; Asumarea responsabilităţii

Examinarea sau Analiza Restaurativă interzice persoanei care facilitează procedura să fie:

- ᵍ sarcastic;
- ᵍ directiv şi acuzator;
- ᵍ atotştiutor şi atotputernic;

recomandând:

A. curiozitatea respectuoasă;
B. ascultarea activă;
C. verificarea presupunerilor şi transformarea lor în certitudini acceptate de ambele părţi.

Se recomandă ca facilitatorul / mediatorul să ia act de trăirile persoanei cu care se află în procedura de Examinare Restaurativă[84]. Interdicţiile şi recomandările de mai sus sunt fundamentate pe două principii cheie[85] în Practici Restaurative:

- ᵍ Toţi avem dreptul să ne simţim în siguranţă;
- ᵍ Nici un fapt nu este aşa de important sau de neînsemnat încât să nu putem vorbi măcar cu o persoană despre el.

Pentru cei care doresc să devină mediatori / facilitatori în Examinare sau Analiză Restaurativă, Belinda Hopkins a elaborat

---

[84] Belinda Hopkins, Just Schools, pag. 70
[85] Belinda Hopkins, Just Schools, pag. 69

şi un chestionar de autoevaluare pe care îl prezentăm în cele ce urmează. În acest chestionar, principalele întrebări sunt legate de abilităţile necesare facilitatorilor, mediatorilor, profesorilor, consilierilor şcolari care vor să aplice practici restaurative.

	Chestionar orientativ de autoevaluare[86]
1.	Pot gestiona o abordare neplanificată?
2.	Oamenii se simt în siguranţă când îmi vorbesc despre îngrijorările lor?
3.	Am capacitatea de a asigura o conversaţie fără întreruperi nejustificate?
4.	Am capacitatea de a transmite că sunt interesat de ce îmi spun oamenii?
5.	Am capacitatea de a asculta cu respect?
6.	Iau act şi ţin cont de trăirile persoanelor cu care vorbesc?
7.	Înainte de a răspunde, îi las pe oameni să termine ce au de spus?
8.	Verific cu oamenii ce fel de răspuns au nevoie de la mine? * soluţie? ** îndrumare ? *** suport emoţional ?
9.	Respect punctul de vedere al altora chiar dacă nu sunt de acord cu ei?
10.	După ce mi-au vorbit, oamenii simt că au fost ascultaţi?
11.	Pentru care din răspunsurile date la întrebarile 1-10 am dovezi documentate?
12.	La care din răspunsurile date la întrebarile 1-10 am presupus?

[86] Belinda Hopkins, Just Schools, pp.75, 187

Evoluăm ca mediatori/facilitatori, pe masură ce răspundem afirmativ la intrebarile 1 – 10 şi acumulăm cât mai multe dovezi in dreptul întrebării 11, având cât mai puţine presupuneri de raportat întrebării 12.

Este foarte important să înţelegem că întrebările din chestionarul de autoevaluare sunt valabile în toate practicile restaurative, căci chiar dacă Examinarea sau Analiza Restaurativă este o abordare de sine stătătoare, care poate avea rezultate prin sine, pentru toate practicile restaurative ea rămâne totuşi etapa fundamentală, fără de care nu poate începe niciun demers restaurativ.

Belinda Hopkins arată că, după ce s-a parcurs Examinarea cu fiecare parte implicată în conflict, şi se obţine totuşi o unică "fotografie a situaţiei conflictuale, este nevoie ca persoana care facilitează să re-încadreze, să re-înrămeze, pentru a da părţilor şi comunităţii un produs de înaltă acurateţe" [87]. Hopkins compară situaţia dinainte de Examinarea şi Analiza Restaurativă cu imaginea unui tablou care are o ramă aşa de lată încât imaginea din tablou nu se vede. Oricât de frumos ar fi tabloul nu se vede de rama care obstrucţionează accesul la imaginea corectă. Rama metaforică a situaţiei dinainte de Examinarea făcută cu toate părţile participante la conflict arată precum în Figura 1. Înainte de aplicarea Examinării Restaurative situaţia este încadrată (înrămată) în blam, insulte, abuzuri, acuzaţii şi exagerări. Dacă aplicăm corect metodele şi principiile de comunicare ale Examinării vom obţine prin "tehnici de re-înrămare[88]", [noi vom traduce conceptul prin reîncadrare] metafora din Figura 2, metaforă în care imaginea realităţii este mult mai clară, în care prin reîncadrare ni s-a developat ansamblul pozei la care trebuie să ne uităm.

---

[87] Belinda Hopkins, Just Schools, pag. 101 sq
[88] Ibidem, pag. 102

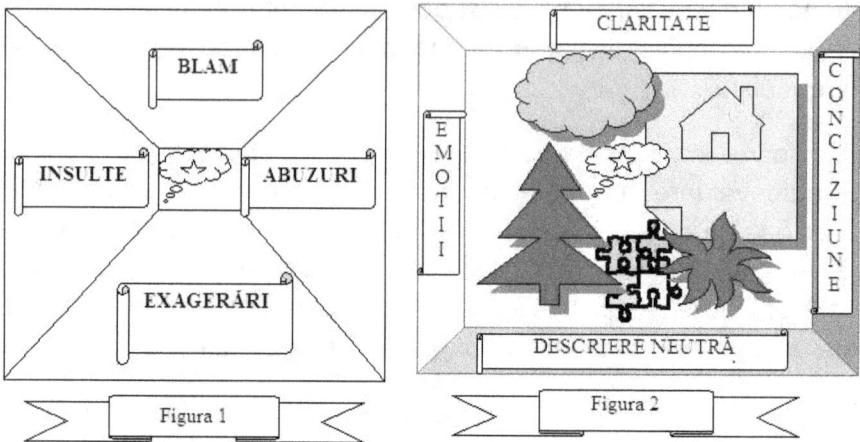

Figura 1

Figura 2

Pentru a obţine prin Examinare şi Analiză Restaurativă o încadrare optimă a situaţiei, este nevoie să avem dialog cu toate părţile în conflict şi să explorăm toate cele cinci teme, respectând principiile pe care le-am menţionat în paginile anterioare. Aşadar, nu uităm că Examinarea / Analiza Restaurativă, dovedindu-şi valoarea în practică a devenit abordare de sine stătătoare, ea rămânând etapă fundamentală pentru toate practicile restaurative, de la Dialogul Restaurativ până la Mediere!

B. DISCUŢIA RESTAURATIVĂ

Discuţia Restaurativă este una dintre cele mai interesante abordări restaurative. Este simplă, concisă şi deosebit de eficientă dacă este bine condusă. Aşa cum am spus mai sus, orice abordare restaurativă începe cu Examinarea Restaurativă. Odată încheiată Examinarea Restaurativă, facilitatorul / mediatorul evaluează rezultatele. Dacă constată că între cele două părţi există un dezechilibru de putere şi că relaţia de comunicare este instabilă, poate avansa în demersul de refacere a relaţiei cu o procedură care se numeşte *Discuţia Restaurativă*.

Dacă Analiza Restaurativă putea fi făcută şi separat cu fiecare parte, Discuţia Restaurativă se face obligatoriu cu ambele părţi prezente, faţă în faţă.

Trebuie să precizăm că două sunt conceptele cheie care stau la baza oricărei abordări restaurative care trece de faza de Analiză Restaurativă:

    ✎ Asigurarea echilibrului de putere[89]. Adesea este nevoie să restabilim acest echilibru.

    ✎ Asigurarea că limbajul îşi îndeplineşte funcţia de "conector" şi nu de separator al părţilor[90].

Aceste două concepte cheie sunt atât de importante, încât pentru îndeplinirea lor trebuie să lucrăm din prima clipă când părţile se află faţa către faţă. Discuţia Restaurativă are în mod fundamental acest rol şi îşi formulează ca obiective:

    ✎ A. Echilibrul de putere între părţi;

    ✎ B. Maximizarea şi optimizarea rolului de conector al limbajului.

Dezechilibrul de putere poate avea mai mulţi declanşatori precum: rangul sau poziţia socială, poziţia profesională, vârsta, experienţa, personalitatea. Adesea, dezechilibrul de putere în combinaţie cu conflictul de interese, pot escalada într-un schimb de ostilităţi. Cu cât dezechilibrul de putere este mai mare, cu atât chiar simpla rezistenţă a celui în poziţie inferioară poate genera orgolii şi trăiri de tip ofensă. Chestiuni minore generează efecte majore şi frustrări maximale, "răni care trebuie reparate[91]".

Când dezechilibrul de putere este mare, orgoliul obturează aproape instant canalele de comunicare. Este rolul facilitatorului/ mediatorului să facă tot posibilul să deschidă căile de comunicare, să le facă funcţionale şi să gestioneze demersurile în aşa fel încât limbajul părţilor să îşi joace rolul de conector. De aceea, în

---

[89] Belinda Hopkins, Just Schools, pag. 33

[90] Jonathan Goodhand & Tony Vaux & Robert Walker, Conducting Conflict Assessments, Guidance Notes, Department for International Development, pag. 29

[91] Belinda Hopkins, Just Schools, pag. 33

literatura de specialitate *Discuţia Restaurativă* se mai numeşte şi "Discuţie Relaţională".

Pentru a face din limbaj un conector veritabil, specialistul în practici restaurative trebuie:

- ✍ să ţină cont de faptul că limbajul pozitiv şi deschis generează înţelegere pozitivă şi atrage răspuns pozitiv;
- ✍ să ţină cont că numai în măsura în care este adecvat limbajul îndeplineşte rolul de conector.

Rolul de conector al limbajului ţine şi de sfera conflictului. Prin urmare, limbajul nu trebuie extrapolat. În cazul în care conflictul este de tip managerial, limbajul trebuie ţinut în această sferă profesională, iar comunicarea nu trebuie lăsată să genereze parabole culturale sau filosofice, care la un moment dat ar putea da senzaţia de plasare în derizoriu a conflictului. Prin urmare, facilitatorul/ mediatorul trebuie să ţină cont de factorii specifici (uneori chiar unici) pe care trebuie să îi identifice în context şi să îi ia în considerare în orice situaţie de conflict[92].

Rolul primordial al Discuţiei Restaurative este acela de a schimba paradigma şi percepţia cu privire la situaţia care implică neînţelegeri, sau altfel spus, de a schimba paradigma disputei. Este bine cunoscut că în viaţa de zi cu zi orice discuţie în care părţile nu cad de acord asupra unui aspect generează metafore precum:

- ✍ a lua apărarea;
- ✍ a se da de partea;
- ✍ a pierde disputa;
- ✍ a apăra un punct de vedere;
- ✍ a câştiga cu argumente sau fără;
- ✍ a lăsa discuţia baltă;
- ✍ a ceda nervos;
- ✍ a ceda terenul.

---

[92] Ed Garcia & David Nyheim, Sanam Naraghi-Anderlini, Conflict and Peace Analysis and Response Manual, Forum on Early Warning and Early Response, 2nd Edition, 1999, pag. 6

Majoritatea persoanelor, încă din familie deprind modelul mental cum că atunci când există mai multe puncte de vedere până la urmă cineva trebuie să îşi impună punctul de vedere[93]. Conceptul de rezultat de tip "câştig-câştig" este rar în societatea noastră, însă este idealul în orice practică restaurativă. Totuşi, când situaţia "câştig-câştig" nu are şanse să devină realitate, mediatorul / facilitatorul poate face părţile să conştientizeze că este posibil să vieţuim ne-conflictual chiar dacă avem:

1. percepţii diferite,
2. opinii diferite,
3. nevoi diferite,
4. trăiri diferite,
5. gânduri diferite,
6. comportamente diferite.

Mediatorul / facilitatorul poate face părţile să conştientizeze că a avea perspective şi simţăminte diferite este o situaţie acceptabilă şi ţine de normalitate, dar că totuşi, convieţuirea în bună înţelegere presupune ca noi să fim preocupaţi de diferenţele dintre noi în ceea ce priveşte nevoile, gândurile şi trăirile, să ne comportăm de o manieră conformă şi fără să lezăm sensibilităţile celorlalţi[94].

Practic vorbind, Discuţia Restaurativă este o metodă prin care părţile în conflict realizează că:

   ✎ este bine să împărtăşim şi să cunoaştem punctele de vedere ale celor cu care avem o dispută;

   ✎ împărtăşirea gândurilor, trăirilor şi a nevoilor aduce un grad de înţelegere superior cu privire la noi înşine şi la celălalt, şi că această înţelegere dă sens relaţiei;

   ✎ ascultarea activă practicată de ambele părţi creşte cuantumul de încredere între părţi;

   ✎ încrederea sporită duce la schimbarea de atitudine şi îmbunătăţeşte, adesea transformă, relaţia dintre părţi.

---

[93] Belinda Hopkins, Just Schools, pag. 79 sq.

[94] Ibidem, pag. 81 sq.

În opinia specialiştilor, Discuţia Restaurativă trebuie primordial aplicată cu cei care verbalizează mai puţin trăirile lor, cu cei care suferă în tăcere, ca urmare a unor temeri pe care le-au dezvoltat în relaţiile cu colegii[95].

Luând iarăşi ca exemplul mediului educaţional, putem spune că beneficiile aplicării Discuţiei Restaurative chiar şi în conflictele şcolare latente, sunt semnificative. Prin Discuţia Restaurativă se:
- diminuează anxietatea în rândul elevilor;
- generează la elevi sentimentul de siguranţă;
- reduce fenomenul de izolare şi marginalizare;
- contribuie la îmbunătăţirea relaţiei între elevi şi profesori;
- generează la elevi sentimentul că şi ei contează, că cineva îi ascultă, că au cui se adresa dacă este nevoie;
- echilibrează poziţiile de putere între egali (elevi) iar acest fapt descurajează violenta.

Precizăm că aceste beneficii sunt valabile şi se relevă în orice grup social în care se aplică Discuţia Restaurativă.

C. MEDIEREA ÎNTRE EGALI (PEER MEDIATION)

În ierarhia utilităţii practicilor restaurative, imediat după Discuţia Restaurativă este *Medierea între egali*. Concret, *Medierea între egali* este o *Discuţie Restaurativă* în varianta în care conciliatorul/ mediatorul, nu este un superior sau un consilier, ci un egal al celor aflaţi în conflict[96]. *Medierea între egali* s-a dezvoltat în lume în perioada anilor 1980 – 1990, cu precădere în mediile de afaceri, însă a fost repede preluată şi în grupările profesionale, şi mai ales în mediul educaţional. *Spre exemplu, Medierea între egali* în şcoală a apărut ca răspuns la:

---

[95] Teresa Bliss, Idem, pag. 101

[96] Belinda Hopkins, Just Schools, pag. 90

↳ nevoia de a-i face pe elevi să fie conştienţi cu privire la ce se întâmplă în interiorul unui conflict[97];

↳ nevoia de a-i implica pe tineri în comunitatea şcolară şi în rezolvarea problemelor şcolii[98].

Impactul implicării elevilor ca mediatori pentru colegii lor în conflict, are patru mari avantaje:

1. elevii capătă încredere în capacitatea lor de a rezolva propriile probleme;

2. în căutarea de soluţii conforme nivelului lor de autoritate, conştientizează cât de important este ca un conflict să nu fie generat, căci odată declanşat este posibil ca soluţia necesară rezolvării conflictului să depăşească sfera lor de autoritate, fiind necesară chiar intervenţia adulţilor din instituţii publice şi a autorităţilor din afara şcolii (spre exemplu, personal DGASPC, poliţie[99]);

3. îi responsabilizează pe elevi în privinţa optimizării relaţiilor în comunitatea şcolară;

4. crează pentru elevi posibilitatea de a avea un rol activ în comunitate şi de a exersa roluri care până deunăzi erau rezervate adulţilor, iar acest fapt le creşte conştiinţa responsabilităţii.

Ca toate abordările restaurative, ***Medierea între egali se poate aplica in toate registrele social-profesionale*** şi presupune:

↳ acceptul liber consimţit al părţilor de a participa la acest proces,

↳ acceptul părţilor în ce priveşte persoana mediatorului.

---

[97] Belinda Hopkins, Just Schools, pag. 95

[98] Belinda Hopkins, Just Schools, pag. 40

[99] Bătaie între două eleve şi părinţii lor în curtea şcolii. Directoarea unităţii a fost lovită în altercaţie, http://www.gandul.info/news/bataie-intre-doua-eleve-si-parintii-lor-in-curtea-scolii-directoarea-unitatii-a-fost-lovita-in-altercatie-10325003?utm_source=Gandul&utm_medium=Click%2BCitesteSi&utm_campaign=Citeste Si%2Bgandul

Medierea între egali are aceleaşi principii, metode de abordare şi avantaje ca şi Discuţia Restaurativă. Accentuăm faptul că uneori, *Medierea între egali* asigură o mai rapidă realizare a echilibrului de putere între părţile aflate în conflict, dat fiind faptul că autoritatea nu mai este prezentă şi prin urmare tot ce se întâmplă în procesul de mediere nu mai este perceput ca ceva necesar, oarecum impus de eşaloanele superioare sau de adulţi.

Etapele principale ale *Medierii între egali* sunt următoarele:
1. Examinarea sau Analiza Restaurativă – exprimarea gândurilor, trăirilor, a nevoilor şi a percepţiilor cu privire la ce s-a întâmplat;
2. Identificarea perspectivei unice – sau "din două fotografii să facem una!";
3. Identificarea posibilităţilor de restaurare a relaţiilor şi de vindecare a efectelor generate de conflict;
4. Asumarea responsabilităţii prin semnarea unui acord. Cine, ce şi când face?
5. Închiderea procedurii şi felicitarea părţilor, dacă au ajuns la un acord. Dacă nu s-a ajuns încă la un acord final, ci părţile doar au progresat în găsirea de soluţii, mediatorul va invita părţile să reflecteze şi va stabili cu ele calendarul întâlnirilor viitoare.

În funcţie de nevoi şi de:
- capacitatea şi abilităţile egalului mediator,
- capacitatea, disponibilitatea şi abilităţile părţilor în conflict,

Medierea între egali poate avea, corespunzător încadrate etapelor principale, şi alte etape distincte precum:
- formularea de opţiuni,
- negocierea opţiunilor,
- elaborarea unui plan de responsabilităţi asumate de cei aflaţi în conflict (activităţi extracuriculare, extraprofesionale, etc., care să le dezvolte comportamentele non-violente).

Pentru a aplica *Medierea între egali* este nevoie ca unii membri ai grupului social/profesional (elevi, muncitori, funcționari, manageri, profesori, investitori) să fie special pregătiți în cadrul unui program destinat formării de mediatori.

D. CERCUL RESTAURATIV

Cercul Restaurativ este forma modernă a *Cercului de Împăcare*, un model tradițional de abordare a conflictelor și a problemelor care necesită rezolvare. Cercul de Împăcare este și astăzi practicat de populațiile native din America de Nord și Noua Zeelandă, între care cele mai cunoscute sunt triburile Navajo[100] și populația Maori[101].

Valoarea Cercului de Împăcare a fost redescoperită în anii 1990, odată cu reformarea la nivel mondial a termenilor de referință în cercetarea antropologică și odată cu explorarea domeniului Inteligenței Emoționale[102]. Intrat în sfera practicilor restaurative, *Cercul Restaurativ* și-a dovedit valoarea încă de la începutul carierei sale postmoderne, în primul rând ca un instrument și o metodă de consolidare a comunității. Acestă metodă ajută comunitatea să își conștientizeze identitatea, resursele, având chiar un rol preventiv în materie de conflict, prin mecanismele de cunoaștere reciprocă pe care le dezvoltă. Dealtfel, *Cercul Restaurativ* cu rol de instrument de prevenire a conflictelor este din ce în ce mai folosit în școli[103] în America de Nord, Europa de Vest, Australia și Noua Zeelandă.

Odată redescoperit, *Cercul Restaurativ* a devenit soluție și răspuns la întrebarea pe care practicienii în mediere și-au pus-o în diferite situații: Cum am putea (atunci când este nevoie) să

---

[100] http://www.tribal-institute.org/

[101] Belinda Hopkins, Just Schools, pag. 133

[102] Teresa Bliss, Idem, pag

[103] Belinda Hopkins, Just Schools, pag.133

depăşim schema "părţi în conflict + mediator"? Cum am putea să lărgim sfera de participare, în aşa fel încât, părţile care sunt în conflict să obţină suport emoţional şi încurajare de la prieteni? Această întrebare vine firesc în urma faptului că adesea, s-a constatat că în *Cercul Restaurativ* este posibil că părţile în conflict să descopere că au prieteni comuni, sau măcar cunoştinţe comune; sau că părţile au prieteni care sunt în relaţie cu prietenii celuilalt. Toate aceste realităţi cu privire la relaţii ar fi fost mai greu de aflat dacă nu s-ar fi organizat la un moment dat un Cerc Restaurativ. Prietenii comuni şi prietenii prietenilor sunt resurse nepreţuite, care pot influenţa pozitiv procesul de transformare a unui conflict.

Drept urmare a constatărilor practice de mai sus, în literatura de specialitate s-a pus din ce în ce mai mult preţ pe *Cercul Restaurativ*, care în perioada 1995 – 2005 îşi consolidează poziţia între practicile restaurative.

Ar mai fi de subliniat că, din analizele practicienilor în abordări restaurative, mai cu seamă în situaţii care au avut drept context localităţi cu maximă urbanizare, s-a constatat că practic, comunitatea ca entitate funcţională nu există. Şi cum practicile restaurative îşi pierd sensul fără existenţa comunităţii funcţionale, *"pentru a avea o comunitate şi relaţii pe care membrii şi le-ar dori restaurate... trebuie că mai întâi să avem o comunitate; iar comunitatea relativ discretă a şcolii este locul ideal unde am putea începe construirea comunităţii[104]"*. Iată cum, în contextul şcolii, *Cercul Restaurativ*, prin simplul fapt că la el sunt invitaţi părinţii, prietenii, alte persoane – care sunt interesate de starea fizică şi emoţională a unor elevi aflaţi în situaţii de conflict – devine şi instrument de clădire a comunităţii şi o platformă de elaborare a valorilor comune. De altfel, în şcolile din Marea Britanie, *Cercul Restaurativ* denumit "Circle Time", este folosit încă din clasele primare ca metodă de generare a valorilor comune unei clase sau şcoli şi ca mod de prevenire a conflictelor.

---

[104] Belinda Hopkins, Just Schools, pag. 133

Este notabil faptul că din experienţa britanicilor, în acest tip de activitate se dezvoltă identitatea personală a elevilor, în corelaţie cu identitatea de grup[105].

O regulă de bază în *Cercurile Restaurative* este că în organizarea lor se ţine seama de dezvoltarea fizică, psiho-emoţională şi cognitivă a participanţilor[106]. Nu vom organiza un Cerc Restaurativ de 90 de minute pentru copiii de clasa a IV-a!

De asemenea, *Cercul Restaurativ* a venit ca soluţie practică, viabilă şi eficientă, pentru rezolvarea conflictelor minore între grupuri. Constatăm adesea că un conflict între doi elevi, sau două eleve, polarizează. Din conflictul personal, tensiunile se amplifică în grupurile de simpatizanţi şi susţinători. Uneori, polarizarea şi formarea taberelor divergente se întâmplă într-o manieră care devine de necontrolat, cu ofense de nevindecat într-o abordare în cadrul Discuţiei Restaurative sau Medierii între două persoane. În astfel de situaţii *Cercul Restaurativ* poate fi metoda salvatoare.

Organizarea Cercului Restaurativ

A. Dacă este făcut doar cu membrii unei clase şi doar în vederea optimizării, a generării de experienţe de învăţare pentru prevenirea conflictelor, *Cercul Restaurativ* presupune:
1. Organizarea spaţiului cu scaune aşezate în cerc;
2. Enunţarea activităţilor şi explicarea cerinţelor/ sarcinilor;
3. Stabilirea regulilor - în manieră participativă;
4. Desfăşurarea activităţii;
5. Reflecţia cu privire la barierele întâmpinate şi soluţiile găsite. Fiecare participant exprimă punctul său de vedere cu privire la ce s-a întâmplat în timpul activităţilor;
6. Actualizarea. Cum ar putea fi folosite în viaţa de zi cu zi, învăţămintele şi experienţa dobândită în timpul activităţii.

---

[105] Teresa Bliss, Mediation and Restoration in Circle Times, pag. 13 sq

[106] Colin Craig, Mike Bartle, Joanne Robinson, Different Tracks – Experiential Learning, A practical Resource Guide for Community Relations Work, The Corrymeela Community, pag. 9

B. Dacă *Cercul Restaurativ* are ca sarcină rezolvarea unor probleme şi a unor conflicte minore, fără victime, doar cu ofensaţi şi ofensatori, împărţiţi în grupuri care au polarizat, organizarea presupune[107]:

1. Planificarea Cercului Restaurativ – în cooperare cu reprezentanţi din fiecare grup;
2. Elaborarea unui plan de comunicare;
3. Examinarea restaurativă:
   - Relatarea celor întâmplate; Developarea fotografiei unice; Încadrarea în rama optimă pentru o corectă precepţie a realităţii; Ce s-a întâmplat?
   - Exprimarea motivaţiilor; Ce ai gândit?
   - Exprimarea trăirilor; Exprimarea emoţiilor; Ce ai simţit?
   - Exprimarea nevoilor; Ce nevoi ai, ca răul să fie reparat şi ca tu să poţi merge înainte?
   - Identificarea divergenţelor şi a problemelor; Cum ne-a afectat, ce s-a întâmplat? Cine a fost afectat de cele întâmplate?
4. Identificarea soluţiilor; Ce am putea face ca să nu mai fim afectaţi de cele întâmplate? Ce ar fi de dorit (nevoie) să se întâmple acum?
5. Dezbaterea şi negocierea soluţiilor; Care este soluţia optimă care convine tuturor?
6. Hotărârea soluţiei; Ce ai putea să faci?
7. Hotărârea echipei care să ducă la îndeplinire hotărârea; Obligatoriu vor fi reprezentanţi din ambele grupuri;
8. Planul de monitorizare şi evaluare.

Ţinute după un program regulat **Cercurile Restaurative de optimizare şi consolidare a grupului** au ca rezultat:
   - Recunoaşterea rolului comunităţii/grupului în viaţa personală;

---

[107] Belinda Hopkins, Just Schools, pag. 133 sq

✎ Creşterea responsabilităţii cu privire la propriile acţiuni; membrii cercului realizează ce impact ar putea avea în comunitate o acţiune neconformă;

✎ Funcţia de susţinere pe care o are comunitatea pentru fiecare dintre membri;

✎ Conştientizarea faptului că lucrând împreună rezultatele sunt calitativ superioare;

✎ Înţelegerea sensului apartenenţei la o comunitate.

Cercurile Restaurative pentru rezolvarea problemelor şi a conflictelor de grup au ca rezultat:

✎ Experienţe de învăţare adesea unice, în funcţie de speţa discutată;

✎ Conştiinţa nevoii de coeziune în comunitate.

E. CONFERINŢA RESTAURATIVĂ

Într-o anumită măsură, *Conferinţa Restaurativă* cu cele patru forme în care este practicată, se aseamănă cu Cercul Restaurativ însă defineşte mai precis grupul ţinta pe care îl are. Astfel, în setul tipologiilor Conferinţei Restaurative avem:

Conferinţa de Familie[108]
Conferinţa de Grup[109]
Conferinţa de Clasă[110]
Conferinţa de Comunitate[111]

Precum am menţionat în paginile anterioare, când am analizat modul de aplicare al Cercului Restaurativ, adesea s-a pus problema: cum am putea lărgi sfera de participare în practici

---

[108] Belinda Hopkins, Just Schools, pag. 143

[109] Margaret Thorsborne & David Vinegrad, Rethinking Behaviour Management, Restorative Practices in Classrooms, Speechmark, 2008, Aknoledgements, pag. 31

[110] Margaret Thorsborne & David Vinegrad, Rethinking Behaviour Management, Restorative Practices in Classrooms, Speechmark, 2008, Aknoledgements, pag. 24

[111] Belinda Hopkins, Just Schools, pag. 115

restaurative, astfel încât părţile care sunt în conflict să <u>obţină</u> <u>suport emoţional şi încurajare de la membrii familiei sau de la</u> <u>prieteni?</u>

În mediul educaţional din Romania, *Conferinţa de Familie* ar putea deveni alături de *Mediere*, unul din cele mai puternice instrumente restaurative, mai ales că Regulamentul Şcolar în vigoare precizează la Art. 42, litera o) că "Învăţătorul sau dirigintele organizează întâlniri şi discuţii cu părinţii, care se pot desfăşura pe grupe, individual sau în plen, se consultă cu aceştia în legătura cu cauzele şi măsurile care vizează progresul şcolar al copiilor lor şi-i informează pe aceştia despre absenţele şi comportamentul elevilor, despre potenţialele situaţii de corigenţe, de amânare a încheierii situaţiei şcolare şi de aplicare a unor sancţiuni disciplinare". Iată că avem cadrul legal şi regulamentar pentru întruniri cu familia elevului. Trebuie doar să optimizăm obiectivele întrunirilor dintre profesorii diriginţi şi părinţi. Obligaţiile părinţilor sunt reiterate în Capitolul V al Regulamentului şcolar, capitol în care rolul părinţilor este unul pozitiv şi activ. Totuşi începând cu Art. 118 (3) citim că "<u>toate sancţiunile aplicate elevilor sunt</u> <u>comunicate, în scris, părinţilor/ reprezentantului legal</u>". Asemenea, la Art. 121. (1) citim că "mustrarea scrisă constă în dojenirea elevului, în scris, la propunerea consiliului clasei sau a directorului, de către diriginte/învăţător şi director şi <u>înmânarea</u> <u>documentului părinţilor/tutorilor legali, personal, sub semnătură.</u>"

Aşadar, recomandăm <u>orientarea obiectivelor către valorile</u> <u>propuse de practicile restaurative</u> şi înainte de a aplica Art. 42, 118 şi 121 ad literam şi de a informa pe părinţi cu privire la aplicarea unor sancţiuni disciplinare, am putea considera benefică o Conferinţă de Familie.

Conferinţa de Familie nu este cu mult deosebită de Cercul Restaurativ de rezolvare a problemelor şi conflictelor minore. Diferă doar grupul ţinta, care de această dată se restrânge la membrii familiei. Conferinţa de Familie se poate aplica în următoarele situaţii:

✤ Există o problemă care ţine de comportamentul unui minor;

✤ Există un conflict între un adolescent şi părinţii săi;

✤ Există un conflict între un elev şi un profesor;

✤ Există un conflict între doi adolescenti din familii diferite

Principiile de bază în Conferinţă Restaurativă, indiferent de forma ei, sunt:

✤ Toţi participanţii trebuie să se facă auziţi şi fiecare trebuie să contribuie;

✤ Confidenţialitatea se păstrează fără echivoc, chiar dacă la întruniri participă 3 persoane (parintii si adolescentul) sau 90 de persoane (elevii din comunitatea şcolară X).

Principalele reguli[112] **ale Conferinţei Restaurative**:

✤ Fiecare are dreptul să vorbească şi să contribuie;

✤ Fiecare are dreptul să nu spună ceva;

✤ Cele Cinci Teme restaurative majore sunt explorate de o manieră conformă:

    1. Perspectivele personale,

    2. Gânduri, sentimente, trăiri cu privire la ce s-a întâmplat,

    3. Identificarea răului produs; efectele lui şi pe cine a afectat,

    4. Identificarea nevoilor de restaurare,

    5. Asumarea responsabilităţii.

✤ Fiecare are dreptul să părăsească conferinţa;

✤ Celor care părăsesc conferinţa li se aduce la cunoştinţă că nu mai au drept de vot;

✤ Părţile aflate direct în conflict pot părăsi conferinţa, însă li se aduce la cunoştinţă că instituţia va rezolva situaţia într-o manieră ne-restaurativă, prin aplicarea strictă a regulamentelor;

---

[112] Margaret Thorsborne & David Vinegrad, Rethinking Behaviour Management, Restorative Practices in Classrooms, Speechmark, 2008, Aknoledgements, pag. 29

✎ Participanţii pot formula şi alte reguli dacă ele sunt acceptate de plen.

Recomandăm ca înainte de a derula Conferinţa de Familie şi Conferinţa de Grup (maxim 8 - 12 persoane) să se facă Examinarea Restaurativă. Pentru Conferinţa de Clasă şi Conferinţa de Comunitate, explorarea celor Cinci Teme restaurative se face direct în plen.

Principalii paşi în organizarea unei *Conferinţe Restaurative* sunt:
1. Alegerea şi informarea facilitatorului/ mediatorului;
2. Organizarea logistică;
3. Planificarea activităţilor pentru a asigura o reprezentare optimă;
4. Deschiderea Conferinţei;
5. Anunţarea temei şi a principiilor + regulile imuabile de mai sus;
6. Stabilirea unor reguli complementare dacă participanţii cred că este necesar;
7. Explorarea celor 5 Teme Restaurative;
8. Dezbaterea soluţiilor propuse;
9. Adoptarea celei mai convenabile şi agreate soluţii;
10. Stabilirea responsabilităţilor;
11. Realizarea unui plan de acţiune;
12. Încheierea unui acord;
13. Închiderea Conferinţei şi reamintirea principiului confidenţialităţii: "Ce s-a spus în această camera rămâne aici!".

F. MEDIEREA

Între practicile restaurative am putea spune că *Medierea* este procedura cea mai structurată. Dacă toate celelalte abordări restaurative, despre care am vorbit până acum, sunt abordări non-formale, produse ale unor eforturi organizaţionale, ale unor grupuri de cercetători şi/sau de practicieni în domeniu, Medierea a devenit o abordare legală, o profesie liberală, reglementată şi în România odată cu promulgarea Legii 192/2006. Acest fapt nu înseamnă că Medierea nu poate fi în continuare folosită ca procedură non-formală, ca un bun pe care Societatea Civilă, Societatea Deschisă l-a câştigat în lupta cu sistemele exclusiv punitive.

Medierea a fost şi este posibilă doar în societăţile în care există democraţie funcţională, acolo unde societatea şi membrii ei se pot exprima. În *Mediere* se aplică principiul dreptului la autodeterminare al părţilor aflate în conflict[113]. În *Mediere*, autoritatea, oricare ar fi ea, cedează din dreptul exclusiv de a hotărî ceva cu privire la cineva şi invită părţile implicate să găsească o soluţie bazată pe asumarea răspunderii personale a celor care au fost implicaţi. Aşadar, măsurile reparatorii ies din maniera clasică de a raporta pe membrii comunităţii la reglementări. Prin *Mediere*, măsurile reparatorii devin opţiuni ale părţilor în conformitate cu valorile comunităţii şi cu valorile lor personale. Odată cu acceptarea Medierii într-o comunitate, membrii acesteia se raportează unii la alţii şi toţi la valorile comunităţii. În acest fel, viziunea lui Karl Popper cu privire la Justiţie şi administrarea dreptăţii începe să devină realitate a fiecărei comunităţi care adoptă Medierea ca procedură de lucru în situaţii de conflict.

Afirmaţia lui Karl Popper, că "**Justiţia este întâi de toate o relaţie justă (corectă) între indivizi**"[114] contrazice principiile lui Platon,

---

[113] Gernot Czell, Jugen Henkel, Gerda Mehta, Dagmar Shramm Gruber, Drumuri noi înspre consens, Negociere constructivă, şi disputã pozitivă în economie, societate şi politica, Editura Schiller, Sibiu – Bonn, pag. 10

[114] Karl R. Popper, The Open Society And Its Enemies, Complete: Volumes I and II, First

că Justiţia este ordinea impusă de clasele conducătoare şi este administrată de Stat, că Justiţia este doar relaţia Statului cu cetăţenii. Prin *Mediere* repararea unei nedreptăţi intră în sfera de asumare a responsabilităţii celor implicaţi, fără intervenţie punitivă venită din exterior, autoritatea fiind mai interesată să aibă în comunitate membri responsabili, decât membri care execută sancţiuni. De aceea, în sistemul de justiţie din SUA, Canada, Uniunea Europeană (în unele ţari), Australia, *Medierea* a fost adoptată prin lege, ca procedură judiciară, pe când în România a ramas o procedură extra-judiciară..

Medierea rămâne totuşi limitată în sfera de aplicare. În România, în conformitate cu prevederile legale se pot media doar conflictele în care împăcarea părţilor sau retragerea plângerii nu mai atrage răspunderea penală. Cu alte cuvinte, autoritatea rămâne veghetoare şi păzeşte principiile fundamentale ale Constituţiei şi legile.

Medierea este o procedură confidenţială. Ea se realizează între două sau mai multe părţi aflate în conflict, de faţă fiind mediatorul, adică persoana care gestionează procesele şi etapele procedurii de Mediere. La *Mediere* pot participa şi alte persoane (susţinători, experţi) cu condiţia ca toate părţile implicate să fie de acord cu participarea unor terţi.

Medierea are avantajul că, în contextul aceleiaşi proceduri, părţile au posibilitatea de a rezolva toate detaliile şi aspectele unei neînţelegeri, bineînţeles, în limita drepturilor de care dispun.

Există însă un principiu fundamental de care trebuie să ţină cont orice parte care exprimă opţiuni de rezolvare şi care hotărăşte soluţii prin Mediere: Hotărârile trebuie să fie doar cu privire la sine, la lucrurile pe care părţile le pot îndeplini prin forţe proprii. În procedura de *Mediere* părţile nu pot hotărî ceva care priveşte sau

edition 1945, Fifth edition (revised) 1966, ISBN 0-691-01968-1, 0-691-0197, http://www.inf.fu-berlin.de/lehre/WS06/pmo/eng/Popper-OpenSociety.pdf, pag. 174 sq.

implică o terţă persoană, conform principiului "de tertium non disputandum".

Este important să spunem că în *Mediere* nimeni nu judecă pe nimeni. Nici mediatorul nu judecă părţile, nici părţile nu se judecă între ele. Sarcina mediatorului, ca persoană neutră şi imparţială este să:

1. faciliteze părţilor conştientizarea şi o mai bună înţelegere cu privire la ce s-a întâmplat;
2. ajute părţile să analizeze situaţia existentă şi efectele faptelor;
3. ajute părţile să emită opţiuni realiste de soluţionare a situaţiei;
4. ajute părţile să se responsabilizeze în raport cu soluţiile date;
5. ajute părţile să rămână în echilibru de putere pentru că soluţia să fie durabilă;
6. încheie un acord în conformitate cu valorile personale şi principiile generale ale comunităţii.

Mai des practicată în mediul şcolar a devenit *Medierea între egali*, această abordare restaurativă (pe care o recomandăm) fiind mai aproape de *Discuţia Restaurativă* decât de procedura Medierii.

Insistăm însă, în a face distincţie între *Medierea între egali* şi *Mediere*, întrucât vrem să precizăm posibilităţile diferite pe care aceasta din urmă le conferă comunităţii şcolare. Dat fiind contextul şcolar îngrijorător de violent, şi amploarea statistică şi cazuistică a violenţei în şcoală, vrem să fie clar pentru cadrele didactice că rezultatele *Medierii între egali* au ca sferă de recunoaştere şi aplicare doar şcoala, pe când *Medierea* făcută cu un mediator, autorizat în condiţiile legii, are sfera de aplicabilitate în societate şi în sistemul de justiţie. Bineînţeles că lăsăm la latitudinea conducerii şcolii şi a părţilor, dacă în cazurile de violenţă vor îndruma sau vor apela la un mediator autorizat în condiţiile legii.

2.2. PROFESIA DE MEDIATOR ÎN ROMÂNIA

Legea care guvernează aplicarea Medierii în România este Legea 192/2006, cu modificările şi completările ulterioare.

Legislaţia românească pune în aplicare Directiva 2008/52/CE a Parlamentului European privind anumite aspecte ale medierii în materie civilă şi comercială, ulterior şi în materie penală. Autoritatea care reglementează şi supraveghează profesia de Mediator este conform Legi 192/2006 cu modificările şi completările ulterioare, Consiliul de Mediere. Pe pagina web a Consiliului de Mediere există informaţii cu privire la profesia de Mediator. Tot pe pagina web a Consiliului de Mediere, la adresa www.cmediere.ro/mediatori/ se găseşte Tabloul cu Mediatorii autorizaţi în condiţiile legii. Tabloul este organizat alfabetic şi pe judeţe, conţinând toate datele de contact ale Mediatorilor autorizaţi, pe care profesorii, părinţii şi elevii îi pot contacta pentru servicii de mediere.

La un moment dat, autorităţile din România au considerat necesar ca cel puţin informarea cu privire la Mediere şi participarea la şedinţa de informare să fie obligatorie. Această prevedere a fost valabilă temporar, susţinută şi de o măsura sancţionatorie[115], ce avea ca efect inadmisibilitatea cererii de judecată dacă părţile nu făceau dovada că s-a făcut informarea cu privire la avantajele Medierii, fiind ulterior declarată neconstituţională,.

În lumina prevederilor Legii 192/2006, am vrea să ne îndreptăm puţin atenţia asupra unei situaţii precum cea întâmplată la Grupului Şcolar X pe care o prezentăm pe scurt ca studiu de caz:

---

[115] OU 90/12.12.2012, Art.2 1^2.

Situaţia:

Doi elevi din localitatea Y au bătut un coleg în curtea şcolii. Cerificatul medico-legal eliberat a precizat ca în urma lovirilor sunt necesare "nn" zile de îngrijire medicală pentru victimă. Ca urmare a eliberării unui certificat medico-legal, a fost realizată ancheta de către poliţie şi s-a despus plângere la Parchetul Z.

În acest context, oricine îşi poate pune întrebarea "ce s-ar putea face prin mediere într-o situaţie precum cea descrisă mai sus?", situaţie în care sănătatea şi integritatea corporală al unui elev au fost grav afectate prin violenţă. Bineînţeles că medierea poate genera împăcarea părţilor şi dacă se încadrează în prevederea legală că împăcarea părţilor nu mai atrage răspunderea penală[116], nu vom mai avea un proces penal şi implicit încă o condamnare a unui minor, ci un minor responsabilizat prin procedura de mediere. Poate că în astfel de cazuri, este bine ca autoritatea şcolară să conştientizeze părţile că se poate face apel la un Birou de Mediator, măcar concomitent cu înştiinţarea Poliţiei.

Dacă Legea prevede că, indiferent ce şi-ar asuma făptuitorul, faptele sale rămân de domeniul penalului, există totuşi un avantaj pe care medierea îl oferă părţii vătămate dincolo de posibile satisfacţii morale şi scuze. Întrucât, elevul victimă de la Grupul Şcolar X provine dintr-o familie săracă, cu doi părinţi şomeri, simplu fapt că:

- are nevoie de îngrijiri medicale şi de spitalizare pe termen lung,
- că este posibil să îi fie afectată capacitatea de muncă în profesia pentru care se pregăteşte,
- că aceste probleme necesită cheltuieli, pentru care el şi familia lui nu erau pregătiţi,

aduce suficientă motivaţie ca autoritatea şcolară să încerce procedura medierii.

---

[116] Art. 181, Cod Penal

În procedura de mediere, este posibil ca făptuitorii să se responsabilizeze pentru daunele în civil şi să contribuie financiar la recuperarea medicală şi profesională a elevului afectat.

Dacă făptuitorul va fi direct pus sub acuzare de Parchet, arestat preventiv, dacă va fi condamnat fără să intre în procedura de mediere cu victima sa, daunele sociale produse comunităţii vor fi duble:

- ✍ un elev condamnat şi închis într-un penitenciar de minori [sau în probaţiune]
- ✍ un elev cu sănătatea nerecuperată şi cu incapacitate de muncă fără posibilităţi financiare de a se recupera.

Nu mai precizăm că, probabil, procesul va dura mulţi ani şi până la o condamnare care să decidă daune morale şi materiale ... rămâne cale lungă!

Aşadar, cunoaşterea avantajelor cu privire la mediere şi aplicarea acesteia poate fi de mare folos şi mediului şcolar. În funcţie de valorile comunităţii şcolare, autoritatea poate apela la Poliţie şi la Parchet sau la procedura medierii, încercând, măcar pe componenta daunelor civile, să repare răul făcut prin violenţă.

Nu puţine sunt cazurile de violenţă care depăşesc autoritatea Directorului şi a Consiliului profesoral. Presa, citând surse din Ministerul Educaţiei vorbeşte de peste 15.000 de situaţii de violenţă, raportate oficial, doar în anul 2012. Totuşi prin apelul la Mediere şi practici restaurative, autoritatea şcolară devine vizibil devotată responsabilităţii pe care o are faţă de membrii comunităţii şcolare, iar în cazuri grave, precum cel din localitatea Y, măcar crează premizele pentru responsabilizarea făptuitorului, demonstrând că îi pasă de situaţia fiecărui membru al comunităţii şcolare.

2.3. EXERCIŢII

EXERCIŢIUL NR. 1: CÂŞTIG NEAŞTEPTAT – Varianta 1 [117]

Obiectiv general:

Înţelegerea relaţiei între valori şi comportament

Obiective specifice:

> Identificarea valorilor personale
> Conştientizarea importanţei valorizării eficiente a resurselor
> Conştientizarea nevoii de schimbare în ierarhia valorilor personale

Mărimea grupului: 4 – 20 participanti;

Timp: aprox. 90 minute

Materiale: Coli A4, markere, afişe cu valori generale şi profesionale

Desfăşurare:

*** Precizare: Facilitatorul rămâne foarte discret cu privire la obiectivele exerciţiului şi nu le dezvăluie decât la finalul exerciţiului, integrându-le în concluzii.

1. Facilitatorul se adresează elevilor:

"Imaginaţi-vă că sunteţi puşi în următoarea situaţie: Banca la care primiţi lunar banii, vă anunţă că sunteţi câştigătorii unui premiu de merit şi vi se oferă, pentru un timp neprecizat, suma de 86400 de euro pe zi.

---

[117] Realizat de Necşoiu (Dobre) Ioana Mariana, în cadrul programului Dezvoltare Personală prin Metode şi Terapii Cognitiv Comportamentale, Bucureşti, Ianuarie, 2013 şi adaptat pentru acest ghid de Mihail Brînzea

Este necesar să cheltuiţi banii cu atenţie deoarece banca poate opri accesul la aceşti bani fără preaviz, la sfârşitul fiecărei zile. Banca asigură cu certitudine banii pentru prima zi, după care totul este nesigur: poate să existe un blocaj şi să nu mai ofere banii sau poate da mai multe zile acest premiu.

Cheltuiţi banii precum doriţi, chiar dacă ştiţi că se preconizează faptul că Banca va da faliment şi nu mai primiţi nici măcar plata lunară; facilitatorul decide numarul de zile în care banca va aloca premiul zilnic de 86400 de Euro, insa nu anunţă suma pentru toate zilele de la bun început, ci fiecare premiu zilnic este anunţat succesiv, ca o surpriză; 5 – 15 minute;

2. Participanţii îşi notează cheltuielile şi apoi le expun pe rând; 15 minute;

3. După ce expun cheltuielile, participanţii primesc o altă sarcină de lucru: Atribuiţi fiecărei cheltuieli o valoare şi apoi ierarhizaţi valorile în ordinea în care aţi cheltuit banii; 5 minute; (spre exemplu: cumpararea unui autobuz şcolar pentru elevii din mediul rural, corespunde valorii "educatie pentru toti", căci ajută la combaterea abandounului şcolar; renovarea caminului de vârstnici, corespunde valorii "calitatea vieţii vârstnicilor", etc.)

4. Participanţii expun valorile ierarhizate; Prezentarea poate fi făcută sub formă de scară; 15 - 30 minute;

5. După ce fiecare elev îşi prezintă scara valorilor, facilitatorul începe o dezbatere axată pe următoarele întrebări:

- ✍ Ştiaţi că modul în care folosiţi premiul are legătură cu valorile?
- ✍ Vă mulţumeşte ierarhia lor?
- ✍ Aţi dori să schimbaţi această ierarhie?
- ✍ Ce credeţi că trebuie să faceţi, pentru ca scara valorilor voastre să aibă o ierarhie care să vă satisfacă?
- ✍ S-a întâmplat în viaţa voastră să faceţi alegeri în funcţie de aceste valori?

6. După prezentare facilitatorul prezintă a doua cheie a exerciţiului: Banca binevoitoare este de fapt TIMPUL! În fiecare dimineaţă primim din partea lui 86400 de secunde pe care nu le putem pune deoparte pentru că, odată ziua trecută, nu mai avem acces la ele.

Justificarea exerciţiului

Participanţii conştientizează că:

- ✎ modul în care au ales să cheltuie banii, comportamentul lor, are legătură cu valorile personale;
- ✎ alegerile pe care le-au făcut sunt în funcţie de ceea ce e mai important pentru ei în viaţă;
- ✎ în funcţie de aceste valori facem alegeri şi luăm decizii in viaţă;
- ✎ că adesea avem nevoie să schimbăm, să optimizăm setul personal de valori;
- ✎ resursele pot fi limitate însă valorile rămân şi ne definesc.

EXERCIŢIUL NR. 2: CÂŞTIG NEAŞTEPTAT – Varianta II [118]

Obiectiv general:

Înţelegerea relaţiei între valori şi comportament

Obiective specifice:

- ➢ Conştientizarea valorilor personale şi de grup;
- ➢ Înţelegerea relaţiei dintre nevoi şi valori;
- ➢ Înţelegerea relaţiei între obiective personale şi obiective de grup şi clasă;
- ➢ Dezvoltarea capacităţii de a înţelege transformările de comportament.

---

[118] Realizat de Necşoiu (Dobre) Ioana Mariana, în cadrul programului Dezvoltare Personală prin Metode şi Terapii Cognitiv Comportamentale, Bucureşti, Ianuarie, 2013 şi adaptat pentru acest ghid de Mihail Brînzea

Mărimea grupului: 20 de participanti

Timp: ~ 90 minute

Materiale:

✓ Un număr de plicuri egal cu numărul participanţilor, în care se pun cartonaşe albe pe care e scrisă suma de 86400 Lei;
✓ Coli de hârtie A4 albă în număr egal cu numărul participanţilor;
✓ 1 cartonaş A5 alb, pentru fiecare participant;
✓ 3 cartonaşe A5 albastre, pentru fiecare participant;
✓ 3 cartonaşe A5 roşii, pentru fiecare participant;
✓ 3 cartonaşe A5 galbene, pentru fiecare grupă;
✓ 5 cartonaşe A5 verzi, pentru plenul participanţilor;
✓ 5 cartonaşe A5 portocalii, pentru plenul participanţilor.

Desfăşurare:

*** Precizare: Facilitatorul rămâne foarte discret cu privire la obiectivele exerciţiului și nu le dezvăluie decât la finalul exerciţiului, integrându-le în concluzii.

Faza I

1. Fiecare participant primeşte un plic în care găseşte un cartonaş alb pe care scrie suma de 86400 Lei; Facilitatorul îi anunţă că tocmai au câştigat suma respectivă şi pot face cu ea tot ce doresc; 3 minute;

2. Participanţii sunt rugaţi să scrie pe fiecare din cele 3 cartonaşe albastre un lucru pe care ar dori să-l facă cu banii pe care i-au câştigat în mod neaşteptat. Facilitatorul precizează că nu este obligatoriu să vrea să facă trei lucruri, important este să le ajungă banii; 3 minute;

3. După completarea cartonaşelor albastre, pe 3 cartonaşe roşii participanţii sunt rugaţi să spună ce i-a determinat să folosească banii precum au scris pe cartonaşele albastre; 5 minute;

4. Timp de 10 de minute fiecare participant este invitat să spună colegilor ce vrea să facă cu banii şi să explice de ce;

5. Participanţii sunt rugaţi să se adune în grupe de câte cinci, şi să decidă ce ar face ca grup cu 86400 x 5 = 432.000 Lei, punând în scris pe maxim 3 cartonaşe galbene ce ar dori să facă cu banii; 15 minute; Rezultatele se pun într-un plic şi rămân secrete;

6. Participanţii în plen sunt rugaţi să pună la un loc toţi banii pe care îi au (86400 x 20 = 1.728.000 Lei) şi să decidă pe 5 cartonaşe verzi ce vor să facă cu banii; 10 minute; apoi facilitatorul roagă pe paticipanţi să aloce fiecărei investiţii o valoare şi să prezinte rezultatele deciziei; 5 minute;

7. Participanţii, în plenul lor, sunt rugaţi să justifice alegerile făcute pentru folosirea banilor (pe cartoane portocalii), 5 minute;

8. După prezentare facilitatorul îi ajută pe participanţi să conştientizeze faptul că în spatele investiiţilor făcute de ei, individual, în grup sau la nivel de clasă, se află încriptate valori (cartonaşul albastru) iar în spatele motivaţiei de a investi stau nevoi (cartonaşele albastre, galbene şi verzi) personale, nevoi de grup sau de plen; 5 minute;

9. Facilitatorul roagă elevii să îşi exprime opinia cu privire la diferenţele între valorile personale, de grup şi de clasă, răspunzând la următoarele întrebări:

- ⮞ Ce diferenţe sunt între valorile personale şi cele de grup?
- ⮞ Ce diferenţe sunt între nevoile personale, nevoile de grup şi cele de plen?
- ⮞ De ce sunt diferenţe?
- ⮞ Cum sunt obiectivele de investiţii personale faţă de cele de grup şi de plen?
- ⮞ Ce a schimbat câştigul neaşteptat?

Facilitatorul îi ajută pe participanţi să conştientizeze că 86.400 reprezintă suma secundelor dintr-o zi, 432.000 este suma secundelor din săptămână de activitate, iar 1.728.000 este suma secundelor din cele 20 de zile lucrătoare într-o lună; se face conexiunea între resurse şi valori.

Faza II

Fiecare participant primeşte cartonaşele albastre şi roşii completate de un alt coleg şi completează fişa următoare pe o coala A4:

Cartonaş albastru: modul în care folosim câştigul neaşteptat este legat de valorile pe care le avem	Cartonaş roşu: lucrurile care ne-au determinat să folosim câştigul neaşteptat într-un fel sau altul arată nevoile noastre
După modul în care vrea să folosească câştigul neaşteptat, ce valori cred că are colegul meu / colega mea?	*După justificările scrise pe cartonaşul roşu ce nevoi are colegul meu / colega mea?*
....	....
Cunoşteam valorile colegului meu / colegei mele?	Cunoşteam nevoile colegului meu / colegei mele?
....	....
Ce valori am în comun cu colegul / colega mea?	Ce nevoi am în comun cu colegul / colega mea?
....	....

Facilitatorul generează dezbateri cu privire la:

1. diferenţele de comportament şi de opţiuni, individual, în grupul mic şi în plen;
2. importanţa cunoaşterii valorilor, nevoilor şi motivaţiilor membrilor.

EXERCIŢIUL NR. 3: FEREASTRA

CE ŞI CUM FACEM, CA ŞCOALA / CLASA / INSTITUŢIA NOASTRĂ SĂ FIE O COMUNITATE DESCHISĂ?

Obiectiv general:

Afirmarea valorilor, a identităţii personale şi evaluarea aspectelor de bază necesare pentru ca o şcoală / o clasă / o instituţie să fie o comunitate deschisă.

Obiective specifice:

- Conştientizarea necesităţii cunoaşterii şi autocunoaşterii;
- Proiectarea aşteptărilor pe care le au membrii;
- Evaluarea gradului de conflictualitate a asteptarilor membrilor

Mărimea grupului: 20 – 30 participanti

Timp: 120 de minute

Materiale: chestionar tip fereastră pe o foaie A4 şi o foaie de hârtie A4 albă

Facilitatorul lucrează după următoarea schemă de chestionar:

1. Care este valoare mea supremă? *Acest ochi de fereastră se completează de fiecare elev în parte*	**2. Ce aşteptări au colegii de la mine?** *Acest ochi de fereastră se completează cu rezultatele pe care colegii le transmit prin foaia A4*
3. În legătură cu valoarea mea, ce aşteptări am de la instituţie şi de la leaderi? *Acest ochi de fereastră se completează de fiecare elev în parte*	**4. Ce pot oferi eu colegilor, leaderilor şi instituţiei?** *Acest ochi de fereastră se completează de fiecare elev în parte*

Desfășurare:

1. Fiecare participant completează punctele 1, 3 și 4 din chestionar; 5 minute

2. După completarea chestionarului, pe foaia albă A4, fiecare participant își scrie doar numele;

3. Timp de 20 de minute foile albe ale fiecărui participant circulă în clasă și fiecare scrie ce așteptări are de la cel care are numele înscris pe foaia respectivă. Nu este obligatoriu ca fiecare participant să scrie așteptări pe foaia fiecărui coleg;

4. După 20 de minute foile albe se întorc la fiecare participant;

5. Timp de cinci minute fiecare participant compară așteptările exprimate de colegi pe foaia albă cu ceea ce a scris el/ea în al patrulea ochi de fereastră;

6. Facilitatorul pune în dezbatere rezultatele. Pentru fiecare ochi de fereastră se poate organiza o dezbatere urmărindu-se dacă valorile sunt, sau nu, conflictuale, dacă valorile sunt just relaționate cu așteptările, dacă ce poate oferi fiecare participant este pe măsura așteptărilor colectivului;

7. Pentru următoarea oră de dezvoltare restaurativă, pe baza așteptărilor venite de la colegi, participanții vor fi rugați să elaboreze un eseu în care să exprime dacă gradul de cunoaștere în cadrul colectivului și raportul între așteptări și posibilități este de natură să fortifice grupul ori să creeze conflicte.

Variantă:

Exercițiul se poate face sub formă de licitație deschisă de așteptări.

Precizări:

Facilitatorul va urmări:

1. dacă participanții au capacitatea de a fi responsivi în raport cu propriile așteptări;

2. dacă aşteptările generale şi particulare ale participanţilor se încadrează în ceea ce numim relaţii juste/corecte;

3. dacă în colectiv au fost emise aşteptări care ar putea genera conflicte.

În urma desfăşurării exerciţiului şi a colectării tuturor datelor, leaderul îşi poate elabora propria strategie cu privire la dezvoltarea de abilităţi şi activităţi necesare pentru ca grupul, clasa, şcoala, instituţia să fie o comunitate deschisă şi restaurativă.

EXERCIŢIUL NR. 4: ALEGEREA MEA – ALEGEREA NOASTRĂ

Situaţie:

Şcoala X are contract cu Fundaţia Împotriva Consumului de Alcool. Înţelegerea prevede că – atât timp cât membrii comunităţii şcolare nu consumă alcool în şcoală – Fundaţia oferă anual o sponsorizare de 30.000 Euro. Toţi membrii au fost informaţi şi prelucraţi în acest sens, însă elevul X din clasa Z a venit cu alcool în şcoală şi fiind prins de responsabilul Fundaţiei, şcoala nu a mai primit un fond de 30.000 Euro, deşi avea mare nevoie pentru a acoperi cheltuielile de reparaţii la încălzirea centrală.

Obiectiv general:

Conştientizarea raportului dintre comportamentul individual şi interesul general.

Obiective secundare:

Participanţii vor conştientiza şi se vor exprima cu privire la:

- ✎ cât de important este comportamentul fiecăruia;
- ✎ cât de important este ca regulile convenite să fie respectate de toţi membrii comunităţii.

Desfăşurare:

1. Se aleg 3 grupe a câte 8 elevi voluntari.

Grupele sunt formate din 8 participanţi. Ulterior grupele vor fi instruite că trebuie să intre în rolul de "grup de prieteni", "grup de indiferenţi", "grup de adversari" ai elevului care a comis non-conformitatea.

2. Facilitatorul aduce la cunoştinţă non-conformitatea comisă de colegul lor, apoi fiecare grupă primeşte formularul de lucru în baza căruia, după ce răspund la chestionar, trebuie să elaboreze în 15 minute un plan de acţiune pentru situaţia ivită:

Formular pentru grupul de prieteni	
Ce simt cu privire la ce am aflat?	De ce aş avea nevoie ca să pot ajuta?
Ce aş putea să îi spun prietenului meu?	Cum acţionez? Ce fac, concret?

Formular pentru grupul de indiferenţi	
Ce simt cu privire la ce am aflat?	Mă implic, sau nu? Dacă da, cum mă implic?
Am ceva mai bun de făcut?	Mă afectează în vreun fel?

Formular pentru grupul de adversari	
Ce simt cu privire la ce am aflat?	Mă implic, sau nu? Dacă da, cum mă implic?
Ce mesaj îi adresez?	Mă afectează în vreun fel?

3. Fiecare grup alege un raportor care informează ce au hotărât şi cum vor să acţioneze; 15 minute.

4. După raportarea fiecărui grup, participanţii vor primi o foaie de hârtie şi vor fi rugaţi să arate;

- ✍ în ce măsură planurile de acţiune răspund cerinţei cu privire la valorile comunităţii (lupta împotriva consumului de alcool);
- ✍ cum ar putea fiecare să contribuie la bunul mers al comunităţii şi la interesul general;
- ✍ care sunt diferenţele de abordare între cele trei grupuri şi cum ar putea fi acestea ameliorate (exemplu: grupul de prieteni să fie mai obiectiv; grupul de indiferenţi să fie mai implicat; grupul de adversari să fie mai empatic, etc.)

Justificarea exerciţiului

Este un exerciţiu cu privire la responsabilizarea membrilor unei comunităţi.

Exerciţiul arată, proiectează şi evaluează, în ce măsură, membrii individual şi grupurile din comunitate au resposabilitate faţă de valorile şi de interesul superior al comunităţii, precum şi modul în care trebuie să îşi manifeste procuparea în realizarea intereselor comunităţii.

EXERCIȚIUL NR. 5: PLAN DE DEZVOLTARE PERSONALĂ

Sarcini:

1. Rugați participanții să exprime așteptări, sau folosiți așteptările deja exprimate în timpul Exercițiului nr. 3
2. Reflectați și completați în prima coloană așteptările exprimate de colegi (precum cele din exemplele inscrise in coloana 1.
3. Având ca exemplu tabelul de mai jos lucrați coloanele 2 – 6.

1. Așteptările exprimate de colegi	2. Ce ar mai trebui să știu, să cunosc, să învăț ca să pot răspunde acestei	3. Ce abilitate ar trebui să îmi dezvolt ca să pot întâmpina această așteptare	4. Ce ar trebui să fac concret pentru a întâmpina așteptarea exprimată de colegi	5. Cum voi dobândi cunoștințele și abilitățile de care am nevoie	6. Când voi aplica planul de dezvoltare personală cu privire
Exemple din mediul școlar					
Să mă respecte când vorbesc și să nu-mi mai ia vorba din gură când sunt întrebat de profesori	Ar trebui să știu și să învăț să ascult	Răbdarea și capacitatea de a asculta	Să nu mai fiu impulsiv când vorbesc alții	Participând la cercul de comunicare din școală cu consilierul școlar	Începând de săptămâna viitoare
Mi-e jenă să te refuz când îmi ceri exercițiile la matematică gata rezolvate, dar aș vrea să nu o mai faci	Să învăț la matematică și să știu să îmi fac singur temele	Atenția și înțelegerea la matematică	Să îmi planific mai bine timpul ca să lucrez și la matematică; Să adopt deviza „prin mine însumi"	Să-i rog pe părinți să mă dea la meditație sau să particip la orele suplimentare oferite gratuit de școală	Începând de săptămâna viitoare

112

EXERCIȚIUL NR. 6: SĂ FACEM SCHIMBĂRI POZITIVE !

Pentru a genera o schimbare pozitivă acceptată, participarea membrilor unui grup sau unei comunități la procesele de luare a deciziei, la planul de proiectare a schimbării și de implementare a acesteia este obligatorie.

Aşadar, pentru un prim exercițiu vă propunem, ca de această dată, analiza SWOT să se facă în mediului şcolar, și să fie făcută de elevi. Exercitiul poate fi efectuat în orice grup social, în orice instituție, cu precizarea că participanții vor fi membri ai grupului care dorește să facă o schimbare pozitivă.

Obiectiv general:

Afirmarea valorilor şi a identității școala X.

Obiectiv secundar:

Schimbarea pozitivă a imaginii publice a școlii X.

Mărimea grupului:

Timp: 60 – 120 de minute

Materiale: hârtie A4 albă pentru fiecare elev şi tablă / coală flipchart pentru facilitator

Sarcina 1: Identificați conform tabelului de mai jos:

Ce puncte tari are şcoala mea?	Ce puncte slabe are şcoala mea ?
Ce oportunități văd eu pentru şcoala mea ?	Ce ameninţări există cu privire la şcoala mea ?

Desfăşurare:

1. Facilitatorul lămureşte termenii şi generează discuţie pentru fiecare întrebare în parte

2. Elevii se vor exprima iar facilitatorul va nota opiniile lor – 20 de minute

Sarcina 2:

Alegeţi unul din elementele exprimate la punctele slabe (PS) ori la ameninţări (A) şi identificaţi care ar fi cunoştinţele, valorile şi comportamentele care ar putea ameliora situaţia. Consemnaţi opiniile voastre în tabelul de mai jos:

Punct slab (PS): .... sau Ameninţare (A):		
Cunoştinţe necesare pentru combaterea PS sau a A	Valori necesare pentru combaterea PS sau a A	Atitudini necesare pentru combaterea PS sau a A
1.	1.	1.
2.	2.	2.
3.	3.	3.
4.	4.	4.

Desfăşurare:

1. Elevii primesc ori îşi elaborează singuri pe o foaie de hârtie tabelul de mai sus;
2. Identifică cunoştinţe, valori şi atitudini şi consemnează opiniile lor în tabel - 5 minute,
3. Facilitatorul generează o dezbatere şi consemnează, centralizând opiniile elevilor - 25 minute.

Sarcina 3:

Ţinând cont de rezultatele de la Sarcina 2, cum ne putem organiza pentru a determina o schimbare care să facă vizibile valorile pe care le avem noi în şcoală?

Desfăşurare:

Elevii se constituie în mod liber şi voluntar în grupuri de iniţiativă şi vor propune un plan de acţiune:

Activitatea	Cui se adresează?	Cine este responsabil?	Când se va face?
1.			
2.			
etc			

Justificare:

Fiecare comunitate (şcolară, profesională, de afaceri, etc.) are puncte slabe, ameninţări, probleme; însă, din perspectiva practicilor restaurative, măsurile administrativ - manageriale nu sunt suficiente pentru a le ameliora şi a le transforma. **Numai orientarea comunităţii către valori, atitudini, comportamente dezirabile, poate schimba cu adevărat imaginea unei comunităţi, prin generarea de schimbări pozitive.**

EXERCIŢIUL NR. 7: EU ŞI LUMEA

Participanţi: Elevi, studenţi, profesionişti în diferite domenii

Obiectiv general:

Conştientizarea că orice etapă de viaţă (de pregatire şcolară sau evoluţie profesională) trebuie luată în serios şi că lumea are aşteptări de la fiecare persoană.

Sarcina 1: Exprimaţi liber opţiunea voastră cu privire la profesia pe care aţi vrea să o practicaţi, sau în care doriţi să evoluati, şi identificaţi, proiectaţi conform tabelului de mai jos, aşteptările viitorilor clienţi/beneficiari. Precizaţi cum ar trebui să vă comportaţi ca să îndepliniţi aşteptările lor?

Mărimea grupului: aprox. 20 de participanţi

Timp: 60 – 120 de minute

Materiale: hârtie A4 albă pentru fiecare participant şi tablă / coală flipchart, marker, pentru facilitator

Desfăşurare:

1. Fiecare participant primeşte un tabel conform celui de mai jos sau desenează singur unul pe o foaie A4;
2. Optează cu privire la o profesie;
3. Dă frâu liber gândirii inovative şi proiectează aşteptările viitorilor săi clienţi/beneficiari, aşteptările societăţii de la profesia pentru care a optat;
4. Răspunde la solicitarea "cum să mă comport ca să întâmpin cerinţele?" Face aceasta, corelat cu răspunsurile pe care le-a dat în coloana aşteptărilor;
5. Scrie despre contribuţia şcolii şi a colegilor la dezvoltarea lui personală şi profesională;
6. Face propuneri pentru creşterea calităţii educaţiei.

Nume şi prenume:	Şcoala/Facultatea/Instituţia:
.... Ce profesie vreau să practic:	....
Ce consider eu că aşteaptă viitorii clienţi/beneficiari de la profesia mea?	Cum ar trebui să mă comport eu ca să pot întâmpina cerinţele / aşteptările lor?
....	....
Cum mă ajută şcoala, mediul profesional şi colegii ca eu să învăţ să evoluez în profesia pe care am ales-o? .... Propuneri pentru o educaţie sau un mediu profesional de calitate:	

Justificare:

Pentru a putea construi o comunitate restaurativă este nevoie ca fiecare membru să conştientizeze că nimeni nu este total autonom şi că membrii comunităţii au o contribuţie la dezvoltarea lui personală şi profesională.

Prin acest tip de exerciţiu, participanţii:

- deprind abilitatea de a se proiecta în viitor din punct de vedere social şi profesional;
- conştientizează că indiferent ce poziţie socială sau profesională ar ocupa, societatea aşteaptă de la ei un anume tip de comportament, desigur unul conform;
- conştientizează şi îşi confirmă faptul că ei sunt, la rândul lor, valorizaţi prin membrii comunităţii, că valorizarea se realizează doar în şi prin comunitate.

BIBLIOGRAFIE

1. Belinda Hopkins, *Just Care, Restorative Justice Approaches to Working with Children in Public Care*, Jessica Kingsley Publishers, London and Philadelphia, 2009

2. Belinda Hopkins, *Just Schools, A Whole Approach to Restorative Justice*, with Foreword and Introduction by Guy Masters, Jessica Kingsley Publishers, London and Philadelphia, 2004, 2010

3. Colin Craig, Mike Bartle, Joanne Robinson, *Different Tracks – Experiential Learning, A practical Resource Guide for Community Relations Work*, The Corrymeela Community

4. Ecaterina Balica & Luminiţa Tasică, *Analiza de context privind unităţile de învăţământ din Regiunea Bucureşti – Ilfov*, Bucuresti, 2012

5. Ed Garcia & David Nyheim, Sanam Naraghi-Anderlini, *Conflict and Peace Analysis and Response Manual, Forum on Early Warning and Early Response*, 2nd Edition, 1999

6. Gernot Czell, Jugen Henkel, Gerda Mehta, Dagmar Shramm Gruber, *Drumuri noi înspre consens, Negociere constructivă şi dispută pozitivă în economie, societate şi politică*, Editura Schiller, Sibiu – Bonn

7. J. B. Moyle, *The Institutes of Justinian*, Kesssinger Publishing, traducere apud Emperor Justinian, Institutiones

8. James MacGregor Burns *Transformational Leadership,* (2nd Edition)

9. Jonathan Goodhand & Tony Vaux & Robert Walker, *Conducting Conflict Assessments, Guidance Notes*, Department for International Development

10. Karl R. Popper, *The Open Society And Its Enemies*, Complete: Volumes I and II, First edition 1945, Fifth edition (revised) 1966

11. Kendra Cherry, About.com Guide, *Transformational Leadership*, apud James MacGregor Burns (1978). *Leadership*. New York: Harper & Row

12. *Legea 192/2006*, cu modificările şi completările ulterioare pană în Februarie 2013

13. Margaret Thorsborne & David Vinegrad, Rethinking Behaviour Management, *Restorative Practices in Classrooms*, Speechmark, 2008

14. Mary Montague, *Relationship to Reconciliation*, The Corrymeela Community, Upper Crescent, Belfast

15. Ministerul Educaţiei si Cercetării, Direcţia Generală Învăţământ Preuniversitar, *Regulamentul de organizare şi funcţionare a unităţilor de învăţământ preuniversitar*, 2005

16. Monitorul Oficial al României, Partea I-a, Nr. 656 din 14 Septembrie 2011, *OUG nr. 75/2011, text integrat pe baza OUG 75/2005 si Legea 87/2006*

17. Prof. Necşoiu (Dobre) Ioana – Mariana, Coordonator ştiinţific, Prof. Univ. Dr. Gheorghe Tomşa, *Sistemul de valori şi orientarea în cariera la adolescenţi*, Bucuresti 2010

18. Sally Cherry, *Transforming Behaviour: Pro-Social Modelling in Practice*, Willan Publishing, 2005

19. Steve de Shazer and Yvonne Dolan, *More Than Miracles: The State of the Art of Solution-Focused Brief Therapy*, Routledge, 2007

20. Teresa Bliss, *Mediation and Restoration in Circle Times*, Optimus Education, London, 2008

21. Third European Quality of Life Survey, *Quality of life in Europe*, Luxembourg: Publications Office of the European Union, 2012

Despre autor

Mihail Brînzea, s-a născut în Comarnic, pe Valea Prahovei, în 1962.

A studiat Teologie și Științe Economice.

Începând cu 1996, pentru o perioadă de 20 de ani a fost implicat în finanțare și management de proiecte, în domenii având legătură cu Transformarea Conflictelor și Construirea Păcii, Drepturile Omului, Combaterea Discriminării, Combaterea Sărăciei și a Excluziunii Sociale, Dezvoltare și Relații Ecumenice.

În 2010, a fost autorizat ca Mediator, în conformitate cu prevederile Legii 192/2006.

Este membru fondator al Colegiului Mediatorilor.

Autor:
"Ghid practic de aplicare a Medierii și Practicilor Restaurative în mediul educațional" (ediția I-a a lucrării de față, 2012, în Română)
"Unless Restorative Justice" (2017, în Engleză)

Coordonator și Referent de specialitate:
1. "Ghid pentru activități de Schimbare a Mentalității în Comunitate" (2009, în Română).
2. "Ghid de abordare și rezolvare a conflictelor de natură procesuală" (2016, în Română).
3. "Ghid de abordare și rezolvare a conflictelor de natură participativă" (2016, în Română).

Președinte fondator al Rețelei "Infrastructuri pentru Pace, I4P – Romania, 2016.

Actualmente, Mihail Brînzea este Președinte Executiv al "Forumului Regional pentru Drepturile Omului din Romania", organizație nonguvernamentală care are ca obiectiv apararea demnității umane.

www.ingramcontent.com/pod-product-compliance
Lightning Source LLC
Chambersburg PA
CBHW051318220526
45468CB00004B/1399